# RUMBOS DE ESPAÑA

# RUMBOS DE ESPAÑA

**Hilario S. Peña**

*Hollenbeck Junior High School
Los Angeles, California*

HOLT, RINEHART & WINSTON
New York   Toronto   London

## ILLUSTRATION CREDITS

Basabe: 128, 130; Dan Budnik: 14, 119; J. Allan Cash from Rapho Guillumette: 46; Dirección General del Turismo: 8, 129; José Ortiz Echagüe: x, 19, 24, 40, 50-1, 65, 67, 68-9, 78, 80, 83 (top left, bottom left, bottom right), 84-5, 95, 100, 106; Ediciones Sicilia: 4, 57, 103; Foto Mas: 5, 13, 30, 58, 76-7; Rapho Guillumette: 115; Courtesy of the Hispanic Society of America: 2, 20, 39, 42, 52, 60, 64, 92; Historical Pictures Service: 72; Christopher Johnson: 112; Helena Kolda: 107, 134; Courtesy of the Museo Arqueológico Nacional de Madrid: 10, 28; Courtesy of the New York Public Library Picture Collection: 33; Courtesy of the Spanish National Tourist Office: 89; Bert Tanner: 34; Three Lions: 54; Michael Wolgensinger: 83 (top right), 132.

Cover design by Helga Maass.

Copyright © 1971 by Holt, Rinehart and Winston, Inc.
All Rights Reserved

Library of Congress Catalog Card Number: 79-106173

Printed in the United States of America
SBN: 0-03-084149-6
234567890 006 98765432

# Preface

This reader has been prepared for students of secondary schools and colleges who have completed the first level of Spanish. In junior and senior high schools, it may be used as a reader in the second year of language study and on the college level, in the second semester. One of the features of this reader is its recognition of the interest and ability levels of the student. The relative simplicity of the language used gives the secondary-school student a feeling of accomplishment while at the same time there is enough sophistication to challenge the college student.

An introduction, written in English, precedes the first nine chapters. This is a short synopsis of the reading, designed to give the student a preview of the chapter and provides, along with the notes, additional historical information.

*Rumbos de España* may be used to supplement any series of basic textbooks in Spanish. A wealth of grammatical material in the readings is further developed in the many and varied exercises of each chapter. These exercises may be used by the teacher to test comprehension and as aids in the teaching of new vocabulary items and principles of syntax. Each has a direct reference to the reading and to its cultural material.

The content of the readings is of permanent information value. It gives the student a panoramic view of Spain from the beginning of its history to the present day. The text has been field tested for interest level and for degree of difficulty. The *refranes*, *proverbios*, and *coplas* are provided for memory work. The vocabulary will give the student an opportunity to learn new words in a useful context. An end vocabulary, containing all words needed for comprehension, has been supplied for the convenience of the student.

This text attempts to bridge the gap that may exist between the first and second levels of the study of Spanish and to link what has transpired in the first level with the new concepts, structures, and vocabulary which may be introduced in the second level.

H.S.P.

# Table of Contents

*Preface*      v

| | | |
|---|---|---:|
| *1* | Las cuevas de Altamira | 1 |
| *2* | Elche | 9 |
| *3* | Dominación romana | 18 |
| *4* | Los visigodos en España | 28 |
| *5* | Lo románico en España | 41 |
| *6* | Toledo | 50 |
| *7* | El Escorial | 64 |
| *8* | Salamanca | 76 |
| *9* | Extremadura | 90 |

*Mosaico español*

| | | |
|---|---|---:|
| *10* | a. Rasgos | 101 |
| | b. Así comen los españoles | 107 |
| | c. La bota | 112 |
| *11* | Los toros | 116 |
| *12* | a. La lotería | 124 |
| | b. La enseñanza por radio | 128 |
| | c. El disco de tránsito | 134 |

*Vocabulario*      138

# RUMBOS DE ESPAÑA

# 1
# *Las cuevas de Altamira*

The rocky coast of Santander, formed by a long narrow strip of land between the Cantabrian Sea and Mountains, is one of Spain's most popular summer resorts. Endowed with a favorable climate, a varied terrain, beaches, and fine accommodations, it draws visitors and sportsmen not only from Spain but from many parts of Europe.

Among the many attractive towns and villages in the province of Santander, Santillana del Mar, with its cobblestone streets, churches, and castles dating from the 15th century, is perhaps the best known. Near this historic town, which has been designated a national monument because of its architectural beauty, are the Caves of Altamira. Found accidentally, in 1868, by a hunter whose dog wandered in among the crevices of the rocks, they were later explored (in 1875 and 1879) by the archeologist Marcelino S. de Sautuola whose daughter discovered the now famous examples of cave art (arte rupestre) on the walls and ceilings in the chambers of the caves. These paintings, in which the colors red, black and yellow predominate, are said to have been executed approximately 20,000 years before the birth of Christ and consist of life-size drawings of deer, bison, horses and wild boar, all in a perfect state of preservation.

Muchacha montañesa

Ornamento de bronce (*Edad de Hierro*)

Cerca de Santillana del Mar, en la provincia de Santander al norte de España, se encuentran las primeras cuevas con pinturas prehistóricas conocidas en el mundo. Las descubrió Marcelino S. de Sautuola, arqueólogo de Santander en 1875.

Se descubrieron estas cuevas en 1868 cuando un perro de caza se perdió entre las rocas. En 1875 Sautuola entró en las cuevas por primera vez y comenzó unas excavaciones en busca de objetos antiguos. Volvió en 1879 con su hija María, quien descubrió unas extraordinarias pinturas de colores en el techo de una de las cavernas. En lo adelante se conocería esta sala con el nombre de "capilla sixtina[1] del arte paleolítico."[2]

---

[1]**capilla sixtina** *Sistine Chapel*. The private chapel of the popes in the Vatican. It was built in 1473 by Pope Sixtus and is famous for its great art treasures, particularly the frescoes by Michelangelo, Perugino and Botticelli, and its collection of illuminated manuscripts.

[2]**arte paleolítico** *paleolithic art*. The Paleolithic Period, also called the Old Stone Age, refers to the era in the history of the world dating from the first appearance of man to the year 12,000 B.C. Among its characteristics are stone implements, and the use of caves for shelter. Painting and sculpture are said to have had their origin in the caves and shelters of paleolithic man.

Este período de la Edad de Piedra[3] comprende, en términos muy generales, desde la aparición del hombre hasta la Edad de los Metales.[4] Empieza ésta en la remota Edad del Bronce,[5] desde el año 2,000 hasta el año 1,000 a. de J.C.[6] en que empieza la Edad del Hierro.[7] El periódo paleolítico de las cuevas de Altamira se caracteriza por las pinturas de animales grandes de varios colores, generalmente representados de perfil. Se dice que estas pinturas fueron hechas de 10,000 a 15,000 años a. de J.C.

La autenticidad de las cuevas fue negada por los arqueólogos franceses, quienes dijeron que las pinturas de las cavernas habían sido falsificadas entre 1875 y 1879, es decir, entre la primera y segunda visitas de Sautuola. Sin embargo, cuando se hallaron pinturas de la misma época en las cuevas francesas de Font-de-Gaume,[8] en 1902, los científicos franceses reconocieron su error. Las de Altamira son de una prodigiosa frescura y un mayor genio artístico, comparadas con las de Font-de-Gaume, en peor estado de conservación.

La entrada a las cuevas da acceso a una sala grande. Se desciende rápidamente a la galería de las pinturas. Son

---

[3]**Edad de Piedra** the *Stone Age* (actually the *Neolithic* or *New Stone Age*). The period immediately following the Paleolithic and characterized by the use of polished stone implements, pottery making and weaving.
[4]**Edad de Metales** refers to the period in history in which man first used metal for implements.
[5]**Edad del Bronce** the *Bronze Age*. The first period of the *Age of Metals*. During this period bronze was first used by man to make tools and other implements. This period is further characterized by the invention of the wheel and the use of cattle and horses as draft animals.
[6]**a. de J.C.** = **antes de Jesucristo** before Christ (B.C.).
[7]**Edad del Hierro** *Iron Age*. The second period of the *Age of Metals* (approximately 1,000–50 B.C.). Iron was discovered and quickly supplanted bronze as the basic material for making tools and arms.
[8]**Font-de-Gaume** a grotto and caverns on the outskirts of the village of Eyzies-de-Tayac (Dordogne) in southwestern France containing examples of cave art. Discovered in 1902.

más de 150 las figuras que se hallan pintadas en lo más escondido de las cuevas, adonde no llega la luz del sol. Los artistas emplearon luz artificial, como indican los restos de las lámparas en que se quemaba la grasa de los animales.

Las pinturas murales son en su mayoría de bisontes. Hay, en algunas pinturas, caballos, un jabalí y una hermosa cierva notable por la elegancia y corrección del dibujo. Las cuevas parecen haber sido viviendas porque en ellas hay residuos de carbón y cenizas. Se ven adornos geométricos y signos que todavía están sin descifrar.

Es notable el sentido dinámico en el perfil de los bisontes. Hay pinturas de animales en movimiento,

Playa (Santander)

Bisonte de las Cuevas de Altamira

parados, acostados, saltando, galopando o encogidos.
50 Predominan en las pinturas los colores rojo, negro (para el contorno), y a veces el amarillo.

Las pinturas de las cuevas de Altamira muestran una cultura superior a la de muchos pueblos primitivos de hoy. Se conocen con el nombre de arte rupestre,[9] nombre
55 que se da a los dibujos y pinturas que se ven en las rocas de algunas cuevas.

---

[9]**arte rupestre** *cave art* or *rupestrian art*. A term used to describe drawings and paintings found on walls and ceilings of caverns dating back to prehistoric times.

# *Ejercicios*

**I.** *Contestar las siguientes preguntas en oraciones completas.*
1. ¿En qué provincia española están las Cuevas de Altamira? ¿En qué parte de España?
2. ¿Desde cuándo se conocen estas cuevas?
3. ¿Cómo fueron descubiertas?
4. ¿Quién entró en las cuevas por primera vez?
5. ¿Qué buscaba?
6. Cuando volvió con su hija, ¿qué descubrió ella?
7. ¿Qué nombre se da a este tipo de dibujo? ¿Qué quiere decir la palabra "rupestre"?
8. ¿A qué período de la historia pertenecen estos dibujos?
9. ¿En qué consisten los dibujos de las cuevas?
10. Además de las pinturas, ¿qué se ve en los techos?
11. ¿Cuáles son los colores que predominan?
12. ¿Qué clase de luz empleaban los artistas? ¿Cómo se sabe esto?

**II.** *Usar el artículo definido que corresponde.*
1. nombre
2. norte
3. animal
4. edad
5. bisonte
6. luz
7. carbón
8. perfil
9. vez
10. sol

**III.** *Dar un sinónimo de cada una de las palabras siguientes.*
1. caverna
2. roca
3. comenzar
4. encontrar
5. vivienda

**IV.** *Llenar los espacios en blanco con la palabra o frase que mejor complete la oración.*
1. ____ Santillana del Mar se encuentran cavernas con pinturas prehistóricas.
    (en lo más escondido de; cerca de; lejos de)
2. En el año 1875 el arqueólogo Sautuola entró en las cavernas ____.
    (por última vez; a veces; por primera vez)
3. Sautuola iba ____ objetos antiguos.
    (en busca de; antes de; después de)
4. El color amarillo se ve ____ en las pinturas.
    (siempre; rara vez; a veces)
5. ____ de las cavernas aparecen residuos de carbón y cenizas.
    (en una parte; en ninguna parte; en otras partes)

**V.** *Mencionar la palabra que no pertenece al grupo.*
1. prehistórico / antiguo / remoto / contemporáneo.
2. descubrir / hallar / encontrar / entrar.
3. volver / regresar / partir / retornar.
4. período / edad / época / techo.
5. pintura / cuadro / dibujo / caverna.
6. sala / sitio / casa / gente.
7. cueva / bisonte / jabalí / caballo.
8. rojo / amarillo / negro / luz.
9. parado / acostado / sentado / saltando.
10. decir / mencionar / exclamar / comprender.

**VI.** *Aprender de memoria.*
REFRÁN (un dicho breve y chistoso)
   Más ven cuatro ojos que dos.
   (*English equivalent:* Two heads are better than one.)
PROVERBIO (un dicho breve y serio)
   La caridad bien ordenada empieza por uno mismo.
   (*English equivalent:* Charity begins at home.)

# 2
# Elche

The little city of Elche is located in the southeastern part of Spain between Alicante and Murcia. Known in Roman times as Illice, Elche today is a sparkling sunlit town set in the midst of palm groves and orchards. The palm trees are well known wherever palms are distributed on Palm Sunday. Of special interest is a variety of palm called the 'Palmera imperial' which, unlike other trees of the same species, develops seven huge branches resembling the arms of a candelabra.

It was on a hilltop in Alcudia de Elche where the bust of a woman was excavated along with other sculptures, jewels and pottery. This famous piece of sculpture, called the Dama de Elche, is now in the Prado Museum in Madrid and is said to be the finest example of Greco-Phoenician art in existence.

Aside from the palm groves and the many evidences of ancient civilizations, the event which annually draws many visitors to Elche is the presentation of a religious drama called the Misteri or Misterio de Elche describing the Assumption of the Virgin into Heaven. Though the play itself is performed on the 14th and 15th of August, festivities begin on the evening of the 13th when a brilliant display of fireworks is set off. The entire town participates in the drama which is enacted in the Basilica of Santa María and ends with a solemn procession through the streets of Elche on the Day of the Assumption.

Palmeras (Elche)

Jarra antigua (Elche)

La ciudad de Elche está situada al sureste de España, entre Alicante y Murcia. Es conocida por sus famosas palmeras, entre ellas la variedad "Palmera imperial," que parece un gigantesco candelabro de siete brazos. Elche exporta sus palmas a toda España y demás países católicos, que las reparten el Domingo de Ramos. Esta ciudad es la antigua Illice romana, de ahí el nombre ilicitanos con el que se conoce sus habitantes.

En la Alcudia de Elche fue hallado el busto de una mujer, el 4 de agosto de 1897, que data probablemente del año 450 a. de J.C. Fue adquirido por Francia para el Museo del Louvre,[1] pero ahora se encuentra en España en el Museo del Prado.[2]

---

[1]**Museo del Louvre** One of the world's finest museums. It is located in Paris and was formerly a royal palace.
[2]**Museo del Prado** *Prado Museum in Madrid*. It was founded in 1785 by Charles III. Though it contains sculpture and many treasures (jewels, porcelains, ceramics, etc.), it is principally a museum of paintings and houses masterpieces of Spanish, Dutch and Italian art.

La importancia de esta estatua se comprende al considerar que es una obra maestra y la mejor representación del arte ibérico[3] que se conoce. No están de acuerdo los arqueólogos acerca del origen del artista que la hizo. Algunos opinan que es obra de un español que conocía los procediminetos del arte griego. Por eso fue clasificada en el Louvre como perteneciente a un estilo greco-fenicio español.

*La Dama de Elche* es un bloque de piedra caliza blanca amarillenta. Representa una mujer vestida con lujo. Lleva joyas y una mantilla, quizás origen remoto de la actual mantilla.

Más que por sus palmeras y su *Dama*, es conocida la ciudad de Elche por su famoso *Misteri*,[4] un drama religioso-musical, escrito en valenciano antiguo, cuyo origen no se sabe. Parece que comenzó a celebrarse el día de la Asunción (el 15 de agosto)[5] un año después que Jaime I[6] conquistó la villa a los moros (el 15 de agosto de 1265).

Los ilicitanos, agradecidos por esta victoria, decidieron conmemorar esta fecha, pero no podían llegar a un acuerdo en cuanto al modo de celebrarla. Y fue entonces que, según la tradición, en mayo de 1266, apareció un

---

[3]**ibérico** *Iberian*. Pertaining to the Iberians, the earliest known settlers of Spain. They are believed to have come from northern Africa during the Neolithic period (6000–2500 B.C.). They merged with the Celts, who came from western and central Europe to form the Celtiberian race.
[4]**misteri** (**misterio** in Spanish) A religious play, popular during the Middle Ages. The **misterios** (miracle plays) were dramatic presentations of a religious theme and were usually performed in a church or on church grounds during Christmas, Easter or on an important saint's day. The *Passion Play* of Oberammergau is the modern counterpart of the **misterio**.
[5]**Día de la Asunción** *The Assumption*. The day (August 15th) commemorating the death and ascension of the Virgin Mary into Heaven.
[6]**Jaime I (el Conquistador,** 1208–1276), king of Aragon and Catalonia who captured the kingdoms of Valencia and the Balearic Islands from the Moors.

arca en el mar que poco a poco se fue acercando a la orilla. Después de abrirla vieron que contenía una estatua de la Virgen y unos pergaminos con instrucciones precisas sobre el modo en que habría de celebrarse la muerte y asunción de la Virgen María al cielo. Llevaron la estatua a la villa y empezaron a organizar fiestas para el 14 y 15 de agosto. La leyenda dice que dentro del arca estaba el texto del drama. Pero ese texto original, si alguna vez existió, se ha perdido. El que queda fue escrito en 1709 y se guarda en el Ayuntamiento de Elche.

La obra se representa en la Basílica[7] de Santa María de la Asunción. El *Misterio de Elche*, única obra autorizada para ser representada en el interior de una iglesia de España, tiene dos actos. En la noche del 13 de agosto, víspera de la fiesta, hay un espectáculo de cohetes y fuegos artificiales. El primer acto del *Misterio* tiene lugar la tarde del 14 de agosto. Sale el cortejo de la antigua capilla de San Sebastián, donde se visten y son maquillados los actores, y se dirige a las puertas de la Basílica. La Virgen es representada por un niño (no se permiten actrices) quien es sustituido por la verdadera imagen de la Virgen. El segundo acto empieza con la procesión que recorre las calles en la mañana del día 15. Termina el acto con la ascención de la Virgen al cielo por un

---

[7]**basílica** In Roman times, a large building used as a tribunal, a meeting hall, or a center for commercial transactions. It was rectangular in shape, its interior divided by two or more rows of columns. At the far end was a raised platform. Since the early Christians used the basilicas as places for worship or built new edifices modeled after them, the term became the usual name for church. Today it is applied to Catholic churches of historic importance, located principally in Rome.

agujero en el techo del templo—todo esto en medio de una bellísima música y un público muy emocionado.

Todos los ilicitanos participan en el *Misterio*—unos como espectadores y los que tienen buena voz, como actores. Puede decirse que el verdadero milagro es la representación, año tras año, durante siglos, de esta obra que es una de las más antiguas de las que se representan en Europa.

Un espectáculo de fuegos artificiales

# *Ejercicios*

**I.** *Contestar las siguientes preguntas en oraciones completas.*
1. ¿Dónde está situada la ciudad de Elche?
2. ¿Qué variedad de palmera se encuentra en Elche? ¿Para qué se usa esta palmera?
3. ¿Cómo se llamaba Elche en tiempo de los romanos? ¿Cómo se llaman hoy los habitantes de Elche?
4. ¿Qué se halló en la Alcudia de Elche en el año 1897? ¿Qué nombre se le dio y dónde se encuentra hoy?
5. ¿Por qué tiene importancia?
6. ¿Qué representa? ¿De qué está hecha? ¿Qué lleva?
7. Además de las palmeras, ¿por qué es conocida la ciudad de Elche?
8. ¿Se sabe el origen de la obra? ¿Qué clase de obra es? ¿Está escrita en español? ¿En qué día se celebra?
9. Según la tradición, ¿qué apareció en el mar en el año 1266? ¿Qué contenía?
10. ¿Dónde se representa el drama que se menciona en este capítulo?

**II.** *Escoger la palabra que no pertenece al grupo.*
1. ciudad / pueblo / villa / palmera.
2. estatua / busto / imagen / habitante.
3. roca / piedra / bronce / arqueólogo.
4. opinan / creen / consideran / reparten.
5. mujer / señora / dama / capilla.
6. ópera / drama / misterio / victoria.
7. niño / chico / muchacho / hombre.
8. iglesia / templo / basílica / techo.

**III.** *Dar un sinónimo de cada una de las siguientes palabras.*
1. fue hallado
2. comenzar
3. mujer
4. opinan
5. contenía

**IV.** *Sustituir al infinitivo entre paréntesis por la forma del verbo que complete el sentido de la oración.*
1. La ciudad de Elche (estar) situada al sureste de España.
2. Elche (exportar) sus palmas a toda España y demás países católicos.
3. El busto de una mujer (ser) hallado en la Alcudia de Elche en el año 1897.
4. La ciudad de Elche (ser) conocida por su *Misteri* o *Misterio*.
5. Según la leyenda un arca (aparecer) en el mar.
6. El arca (contener) una estatua de la Virgen y unos pergaminos.
7. Los ilicitanos (llevar) la imagen a la villa.
8. El texto del *Misterio* (guardarse) en el Ayuntamiento de Elche.
9. El primer acto del drama (tener) lugar en la capilla de San Sebastián.
10. Los ilicitanos (participar) en el drama como espectadores y actores.

**V.** *Llenar los espacios en blanco con la palabra o frase que mejor complete la oración.*
1. ____ el arca se fue acercando a la orilla.
   (dentro de; poco a poco; después de)
2. ____ el origin del drama.
   (no se sabe; no se comprende; no se ve)

3. El Misterio ____ con una procesión que recorre las calles de la ciudad.
   (sale; empieza; termina)
4. El Misterio ____ por primera vez en 1266.
   (se celebró; se decidió; se escribió)
5. Los arqueólogos no están de acuerdo ____ origen del artista que hizo el busto de la *Dama*.
   (acerca del; para el; por el)

**VI.** *Dar el infinitivo de cada forma.*
1. se encuentra
2. se desciende
3. hizo
4. fue
5. se visten
6. empieza
7. encogido
8. sido

**VII.** *Dar el artículo definido de cada palabra.*
1. ciudad
2. país
3. variedad
4. drama
5. origen
6. arcas
7. cohete
8. bloque
9. imagen
10. representación

**VIII.** *Aprender de memoria.*
REFRÁN:
Del plato a la boca, se cae la sopa.
(There's many a slip 'twixt the cup and the lip.)
PROVERBIO:
Mientras en mi casa estoy, rey me soy.
(My house is my kingdom.)

# 3

# Dominación romana

                                        *In the course of its history, Spain has been invaded and settled by many peoples. The earliest known invaders to settle the peninsula in prehistoric times were the Iberians, who are believed to have come from Africa, and the Celts from western and central Europe. These two tribes merged to form the Celtiberian race. They were followed by the Greeks and Phoenicians who established colonies along the southern coast of Spain.*

*In the meantime, the Phoenicians from Tyre had founded a colony called Carthage on the northern coast of Africa which rapidly developed into a city-state and an important maritime power. Inevitably Rome and Carthage clashed over the domination of the Mediterranean and Spain. The struggle for supremacy resulted in the Second Punic War and the eventual destruction of Carthage. Among the notable contributions of the Phoenicians are weaving, dyeing, the manufacture and use of glass and metal articles, but most important of all, the introduction of the alphabet.*

Acueducto romano de Segovia

Roman domination, though slow and arduous, left an indelible imprint on Spain. The Romans built roads, bridges, theaters, aqueducts and thermal baths. Literature flourished under the Roman Empire. The Spanish language is largely derived from Latin, and Roman law is the basis of the Spanish legal system. The Roman Empire was overthrown in the fourth century A.D., after a series of invasions by Germanic tribes—Alans, Suebi and Vandals—culminating in defeat by the Visigoths in 409 A.D.

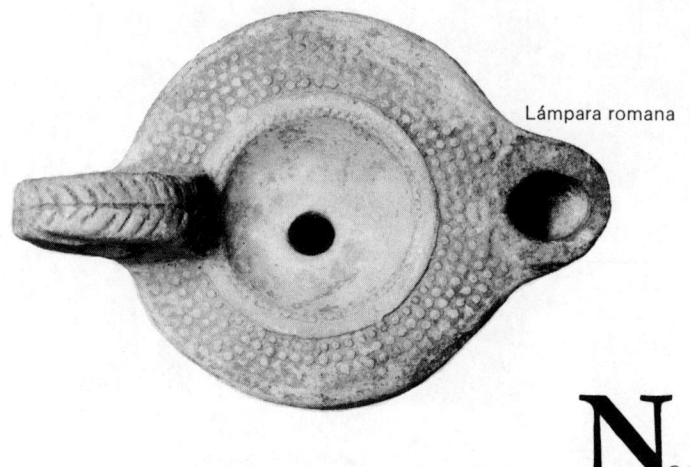

Lámpara romana

No se sabe quienes fueron los primeros en poblar la península ibérica. Los que registra la historia son los celtas[1] en el norte y los iberos en el sur. Aunque no llegaron a fundar una nación, la fusión de estas dos tribus creó el pueblo celtíbero. Mientras tanto los fenicios[2] habían establecido, en el norte de África, una colonia llamada Cartago[3] que pronto se convirtió en una ciudad de gran poder marítimo y enemiga de Roma. Los cartagineses se hicieron dueños del Mediterráneo y dominaron la parte de España donde

---

[1]**celtas** *Celts*. An ancient race of central and western Europe who migrated westward in the 10th century B.C.

[2]**fenicios** *Phoenicians*. Inhabitants of a country of western Asia (now Syria and Lebanon). A highly developed people they became an important maritime power and founded the cities of Carthage and Utica. They were skilled weavers and architects. They introduced the alphabet which was further developed by the Greeks and the Romans.

[3]**Cartago** *Carthage*. An ancient city-state on the northern coast of Africa. It was founded in the 9th century B.C. by Phoenicians from Tyre. An important mercantile power, its ambitions for expansion led to the Punic Wars with Rome. Its most famous general was Hannibal (**Aníbal**) who is considered one of the greatest military geniuses of all time. Nevertheless, the forces of Carthage were defeated in the Battle of Zama and the city was destroyed by the Roman general Scipio Africanus Minor (also called Scipio the Younger).

establecieron colonias para comerciar con los celtíberos. Trajeron a la península el uso de artículos de vidrio y metal y el conocimiento del alfabeto y de la escritura.

El poder de Cartago despertó la ambición de los romanos quienes habían establecido algunas colonias en el sur de España con el propósito de dominar la península y el Mar Mediterráneo. Las dos grandes ciudades no tardaron en pelearse. En medio de estas dos fuerzas quedaban los habitantes de la península, unas veces del lado de Roma y otras del lado cartaginés.

Como consecuencia de estas luchas fue sitiada la ciudad romana de Sagunto en la provincia de Valencia por las fuerzas del general cartaginés Aníbal, que se apoderó de ella en el año 219 antes de Cristo. Sus habitantes pidieron auxilio a Roma y, en espera de éste se opusieron al poderoso ejército cartaginés con una heroica resistencia de ocho meses. Los romanos recuperaron Sagunto y enviaron a Cartago a Escipión el Africano, que derrotó a Aníbal en la batalla de Zama (202 a. de C.).[4]

Apenas se marchó Escipión de la península ibérica empezaron las fuerzas de resistencia contra los romanos, cuyos gobernantes dieron muestras de crueldad y avaricia en el territorio hispánico. El pastor lusitano Viriato organizó una sublevación general, poniéndose al frente de los rebeldes. Las fuerzas de Viriato se concentraron en Lusitania (hoy Portugal y Extremadura), luchando contra los romanos durante más de ocho años. Viriato, experto en la guerra de guerrillas, es el primer gran caudillo que registra la historia de España. Su gran valor, astucia e inteligencia hicieron que Roma sobornara a

---

[4]**Zama** A town in what is now Algiers on the northern coast of Africa, the scene of Hannibal's defeat in 202 B.C.

tres amigos de Viriato para que lo asesinaran mientras dormía. Esto ocurrió en el año 139 a. de C.

Después de su muerte cayeron las tribus y ciudades una por una. Solamente quedaba la meseta central. Allí, en Numancia, ciudad fortificada, los celtíberos habían resistido la invasión romana durante casi veinte años. Roma envió a Numancia al destructor de Cartago, Escipión Emiliano,[5] quien tras varios meses de horroroso asedio, ocupó la ciudad. Los numantinos prefirieron suicidarse que rendirse a la dominación romana. La ciudad quedó en ruinas. Numancia es hoy símbolo del heroismo celtíbero. Los romanos aprovecharon la época de paz para organizar la administración y explotar las riquezas naturales del país.

España fue una de las mejores provincias de Roma, a la cual dio los emperadores Trajano, Adriano y Teodosio.[6] Es preciso añadir que las letras españolas, durante la dominación romana, lograron un gran florecimiento. Escritores como Séneca y Quintiliano, Lucano y Marcial[7] han pasado a la historia de Roma para gloria de España.

Bajo la dominación romana alcanzaron gran importancia en España la explotación minera y el desarrollo de las artes, especialmente la arquitectura y la escultura.

---

[5]**Escipión Emiliano** (185–129 B.C.) Roman general who destroyed Carthage (146 B.C.) and conquered Numancia (133 B.C.). Also called Scipio the Younger.

[6]**Trajano** (*Marcus Ulpius Trajan*, 53–117), born in Italica near Seville; **Adriano** (*Publius Elius Adrian* or *Hadrian*, 76–138), adopted son of Trajan, also born in Italica; **Teodosio** (*Theodosius*, 346?–395), said to have been born in Segovia. He was known as Theodosius the Great. He declared Christianity the state religion.

[7]**Seneca** (*Lucius Annaeus Seneca*, c. 3 B.C.–65 A.D.), Roman philosopher and writer, born in Cordoba; **Quintiliano** (*Marcus Fabius Quintilian*, 35–95 A.D.), Roman rhetorician, born in Calahorra, Spain; **Lucano** (*Marcus Annaeus Lucan*, 39–65 A.D.), Roman poet, born in Cordoba, forced to commit suicide for plotting against Nero; **Marcial** (*Marcus Valerius Martial*, 40?–104? A.D.), writer of epigrams, born in Calatayud.

Puentes como el de Alcántara sobre el río Tajo;[8] el de Tudela sobre el Ebro;[9] el de Salamanca sobre el Tormes;[10] acueductos como el de Segovia; teatros como los de Sagunto y Mérida; arcos como el de Trajano; palacios como el de Augusto en Tarragona;[11] y murallas, circos, templos, baños y calzadas, todavía nos recuerdan el esplendor de su civilización.

Cuatro son los elementos principales que dejó en España la dominación romana: el latín, base del castellano; el Derecho romano, base de la legislación; el Municipio, base de la administración local, y el cristianismo, que arraigó en la sociedad española hasta nuestros días. Según la tradición, los apóstoles Santiago y Pablo predicaron en España durante los años 38 y 60, respectivamente. El emperador Teodosio, nacido en Segovia, quien consiguió que el cristianismo triunfase sobre el paganismo, derrotó repetidas veces a los bárbaros y logró demorar la caída del Imperio.

[8]**Tajo** *Tagus River* of central Spain that flows through Aranjuez and Toledo, emptying into the Atlantic at Lisbon in Portugal.
[9]**Ebro** One of Spain's longest rivers. It rises in the province of Santander, flows in an easterly direction and empties into the Mediterranean Sea. Tudela, a city on its banks, is in the province of Navarre.
[10]**Tormes** An affluent of the Duero, a river that flows through Portugal where it is called the Douro River. The cities of Salamanca and Avila are located on the banks of the Tormes River.
[11]**Tarragona** An ancient Mediterranean port city of northeastern Spain. It is the site of some well known Roman ruins, among them an aqueduct, an amphitheater, the palace of the emperor Augustus, and ancient city walls.

Teatro romano de Mérida

# Ejercicios

I. *Contestar en oraciones completas.*
 1. ¿Quiénes fueron los primeros en poblar la península ibérica, según registra la historia?
 2. ¿Qué pueblo creó la fusión de estas tribus?
 3. ¿Qué habían establecido los fenicios en Africa? ¿Cómo se llamaba?
 4. ¿De quién era enemiga? ¿Por qué?
 5. ¿Por qué estableció Cartago colonias en España?
 6. ¿Qué trajeron los fenicios de Cartago a España?
 7. ¿Por qué los romanos establecieron colonias en el sur de España?
 8. ¿Cómo se llamaba el general que sitió la ciudad de Sagunto? ¿Era romano o cartaginés?

9. ¿Quién fue Viriato? ¿Qué se sabe de su muerte?
10. ¿Dónde está Numancia? ¿Qué pasó allí? ¿De qué es símbolo?
11. ¿Quiénes son los emperadores que España dio al Imperio? ¿Qué escritores produjo?
12. ¿Cuales son algunos monumentos que nos recuerdan la dominación romana en España?
13. ¿Qué elementos dejó Roma en España?
14. ¿Qué hizo el emperador Teodosio?

II. *Mencionar diez palabras en el texto que se parecen a palabras inglesas.*
(EJEMPLOS: consecuencia—*consequence*; heroica—*heroic*)

III. ¿Comó se llamaban los habitantes de Cartago?, ¿de Fenicia?, ¿de Roma?, ¿de Lusitania?, ¿de Numancia?

IV. *Buscar en el mapa las siguientes ciudades:* Numancia, Sagunto, Valencia, Salamanca, Segovia, Mérida; *los ríos:* Ebro, Tajo, Tormes.

V. *Completar las siguientes oraciones.*
1. El poder de Cartago en la península despertó la ambición de ____.
   (los celtas; los romanos; los fenicios)
2. El general Aníbal era ____.
   (romano; celta; cartaginés)
3. El primer caudillo que registra la historia de España es ____.
   (Adriano; Marcial; Viriato)
4. Las fuerzas de Viriato se concentraron en ____.
   (Lusitania; Numancia; Cartago)
5. Viriato fue asesinado por ____.
   (sus amigos; los fenicios; los celtas)

6. Numancia era ____.
   (una provincia; una ciudad; una meseta)
7. Los numantinos prefirieron ____.
   (apoderarse; suicidarse; rendirse)
8. Hoy Numanica es símbolo del heroismo ____.
   (romano; celtíbero; cartaginés)
9. Séneca, Lucano y Marcial son ____.
   (emperadores; generales; escritores)
10. La base del castellano es ____.
    (el cristianismo; el latín; el paganismo)

**VI.** *Dar el infinitivo de cada forma.*
1. dormía
2. cayeron
3. siguió
4. dejó
5. pidieron
6. nacido
7. opusieron
8. dieron
9. recuerdan
10. hicieron

**VII.** *Dar el singular de cada palabra y el artículo definido que corresponde.*
1. ciudades
2. tribus
3. habitantes
4. meses
5. emperadores
6. escritores
7. puentes
8. veces
9. apóstoles
10. naciones

**VIII.** *Completar las siguientes oraciones.*
1. Los habitantes de Sagunto pidieron auxilio ____ Roma.
   (de; a; en)
2. Viriato se puso al frente ____ los rebeldes.
   (de; en; por)
3. Después de su muerte las ciudades cayeron una ____ una.
   (para; por; a)

4. La ciudad de Numancia quedó ____ ruinas.
(de; a; en)

5. La dominación romana dejó cuatro elementos principales ____ España.
(por; en; a)

6. Las fuerzas de Viriato lucharon ____ los romanos.
(por; para; contra)

7. Los numantinos prefirieron suicidarse que rendirse ____ los romanos.
(a; de; en)

8. Teodosio derrotó ____ los bárbaros.
(por; de; a)

9. Los celtas no llegaron ____ fundar una nación.
(por; en; a)

10. La colonia de Cartago se convirtió pronto ____ una gran ciudad.
(en; de; a)

IX. *Aprender de memoria.*

REFRÁN:
Acostarse temprano, levantarse temprano, hace al hombre activo, rico, y sano.
(Early to bed and early to rise makes a man healthy, wealthy and wise.)

PROVERBIO:
Mejor es el muchacho pobre y sabio, que el rey viejo y fatuo ...
(Better is a poor and wise child than an old and foolish king ...)

COPLA:
Cuando tenía dinero,
me llamaban don Tomás;
y ahora que no lo tengo,
me llaman Tomás, no más.

Corona visigoda

# 4
# Los visigodos en España

Rome's domination of Spain lasted five centuries, the first three of which were characterized by prosperity and a vast program of construction. The Romans introduced their legal system and profoundly influenced the language and customs of the country. They encouraged education by establishing schools throughout their colonies.

The fall of the Roman Empire in Spain came about rapidly. Rome had overextended its boundaries and was unable to defend them from invading tribes. Roman leaders became indolent, neglecting state and military duties. Most important of all, the population was listless, tired of the cruelty of Roman governors and the heavy tax burdens imposed on them by Rome.

Among the invading tribes were the Visigoths who quickly established themselves as leaders. Without a profound culture of their own, they adopted Roman customs. By the end of the 7th century their language had disappeared except for proper names (Adolfo, Fernando, Rodrigo, etc.) and terms of warfare (guerra: war; botín: spoils, loot; dardo: small lance, dart; etc.). The Visigoths did not attain the power of

Rome in their new country. *Culturally, their contribution is meager—their most outstanding literary figure is San Isidoro. In architecture they developed the* arco de herradura *(horseshoe arch). Their most important contribution is the* Liber judicorum, *a compilation of laws derived from the* Lex romana, *which was used to govern Visigothic Spain.*

*The Visigoths, who came into Spain already Christianized, imposed their religious beliefs upon the country. When King Recaredo was converted to Catholicism, the Church began its long association with the State—a relationship which has endured to the present day. The domination of the Visigoths, begun in 410(?), was overthrown in 711 by the Arabs who came from North Africa at the invitation of the Visigothic nobles in their struggle to dethrone King Rodrigo.*

Interior de una iglesia visigoda

Joyas visigodas

Con la muerte de Teodosio y la caída del imperio romano, los bárbaros empezaron a invadir España. "Bárbaro" para los romanos y los griegos quería decir solamente "extranjero." Entre las tribus que invadían España figuraban los vándalos, los suevos, los alanos[1] y, más tarde, los visigodos. Éstos eran los más civilizados y su dominación en España duró tres siglos. Invadieron la península cuando el imperio romano ya no podía defender sus largas fronteras y el pueblo hispano estaba cansado de las guerras, la crueldad de los jefes romanos y los tributos que exigía Roma.

Los visigodos llegaron a España cristianizados. Establecieron su capital en Toledo y pronto consiguieron dominar todo el país. Su reino duró tres siglos, es decir, hasta que los enemigos de Rodrigo,[2] el último rey visigodo, solicitaron la ayuda de los moros quienes invadieron la península y derrotaron al rey en la batalla

---

[1]**vándalos, suevos, alanos** *Vandals, Suebi, Alans*. Ancient Germanic tribes who occupied Spain and were quickly absorbed into the mainstream of the population.

[2]**Rodrigo** (*Roderick*, ?–713?), the last Visigothic king of Spain. He was defeated by the Moors at Guadalete, a river of southwestern Spain. According to legend the battle that defeated him and marked the end of the Visigothic domination in Spain was fought along its banks.

del río Guadalete en el año 711, fecha muy importante
en la historia de España.

Los visigodos adoptaron la cultura y las costumbres romanas. Realizaron la unidad política del reino eliminando los gobiernos establecidos por las otras tribus en el este y norte de España. Iniciaron la unificación religiosa al convertirse el rey Recaredo I[3] al catolicismo (586) que fue adoptado como religión oficial en 689, empezando así la larga asociación de la Iglesia y el Estado en España.

Un hecho importante de la dominación visigoda en España es la compilación de leyes visigodas y romanas, el *Liber judicorum* (634),[4] para unificar y gobernar los pueblos de la península. Es el primer código nacional de Europa. La versión castellana, traducida al español por orden de Fernando III[5] en el siglo XIII, se llama el *Fuero Juzgo* y fue dada a Córdoba al conquistarla a los moros.

De la cultura visigoda queda poco. Su idioma desapareció porque usaban el latín en la vida diaria. Las escuelas oficiales romanas fueron sustituidas por las eclesiásticas, así que casi todos los grandes nombres de la vida intelectual eran clérigos. La figura que más destaca en la España visigoda es San Isidoro (570–636), arzobispo de Sevilla, cuyo libro titulado *Etimología* es una enciclopedia del saber griego, romano y hebreo de su tiempo.

---

[3]**Recaredo** (516–601), Visigothic king of Spain (586–601), first Spanish sovereign to become converted to Catholicism.

[4]**Liber judicorum** (*Libro de los jueces*), a compilation of Visigothic laws based on Roman law, drawn up in 634 to govern Visigothic Spain. It is the first known example of a European national code of laws. It fell into disuse during the Moorish occupation of Spain, but was revived in the 13th century by Fernando III, translated into Spanish with the title *Fuero Juzgo*, and used to govern Cordoba which had just been conquered from the Moors.

[5]**Fernando III** (1199–1252), called *el Santo* (the Saint). He was king of Castile and Leon and united these two kingdoms. He conquered Cordoba and Seville from the Moors and declared Castilian the official language of Spain.

Los visigodos fueron los primeros en fabricar vidrio de colores. Trabajaban en oro y otros metales y se han hallado muchas joyas de esa época. Gran parte de los monumentos visigodos han desaparecido. Los que quedan datan casi todos del siglo VII. La arquitectura visigoda es sencilla y sólida y se caracteriza por el ejemplo de grandes piedras labradas y los arcos de herradura. La basílica de San Juan de Baños, en la provincia de Palencia, es el edificio más representativo de la arquitectura visigoda en España. Cerca de la iglesia se encuentra el manantial de Baños de Cerrato, relacionado con la fundación de la iglesia por Recesvinto[6] en el siglo VII.

Cuenta la historia que el rey Recesvinto acababa de ganar una batalla y fue a descansar a Baños de Cerrato, un pueblecito muy cerca de la ciudad de Palencia. El rey padecía de gota en una pierna y las aguas de Baños le curaron. En agradecimiento el rey mandó construir una iglesia para honrar a San Juan Bautista. La iglesia tiene una hermosa fuente para bautismos de inmersión, como los que hacía San Juan Bautista.

Lo más extraordinario de la basílica son las ocho columnas de la nave central. Éstas no son de mármol, sino de jaspe, que no se conocía en la provincia donde está construida la iglesia. Causaría admiración pensar en el transporte de esas columnas, si no se supiera que en esas épocas se trasladaban inmensos bloques de mármol por todo el imperio romano.

La escultura y la pintura tienen poco desarrollo entre los visigodos, pero se destaca entre ellos la riqueza de las artes menores, objetos pequeños con vidrios de

---

[6]**Recesvinto** (619–692), Visigothic king of Spain (653–672) under whose auspices the *Liber judicorum* was compiled.

colores y joyas con piedras preciosas o con hilos de oro
y plata.

El estado visigodo no llegó a ser una nación poderosa.
Los visigodos pronto se acostumbraron a la vida in-
dolente de los romanos. Los nobles luchaban entre sí y
contra el rey. Cuando los enemigos de Rodrigo, que
trataban de destronarlo, solicitaron la ayuda de los
moros, éstos pasaron a España en 711 y dentro de poco se
hicieron dueños de casi todo el país. La dominación
árabe o mora duró hasta el año 1492 cuando, durante el
reino de los Reyes Católicos,[7] se llevó a cabo la Reconquista de España.

---

[7] **los Reyes Católicos** (*the Catholic Sovereigns*), a title referring to Isabel I (1451–1504) of Castile and her husband, Ferdinand II (1452–1516) of Aragon. During their reign the kingdoms of Castile and Aragon were united, Spain was conquered from the Moors, the Jews were expelled from Spain, the Inquisition was instituted, and America was discovered.

San Isidoro

Mapa de la España visigoda

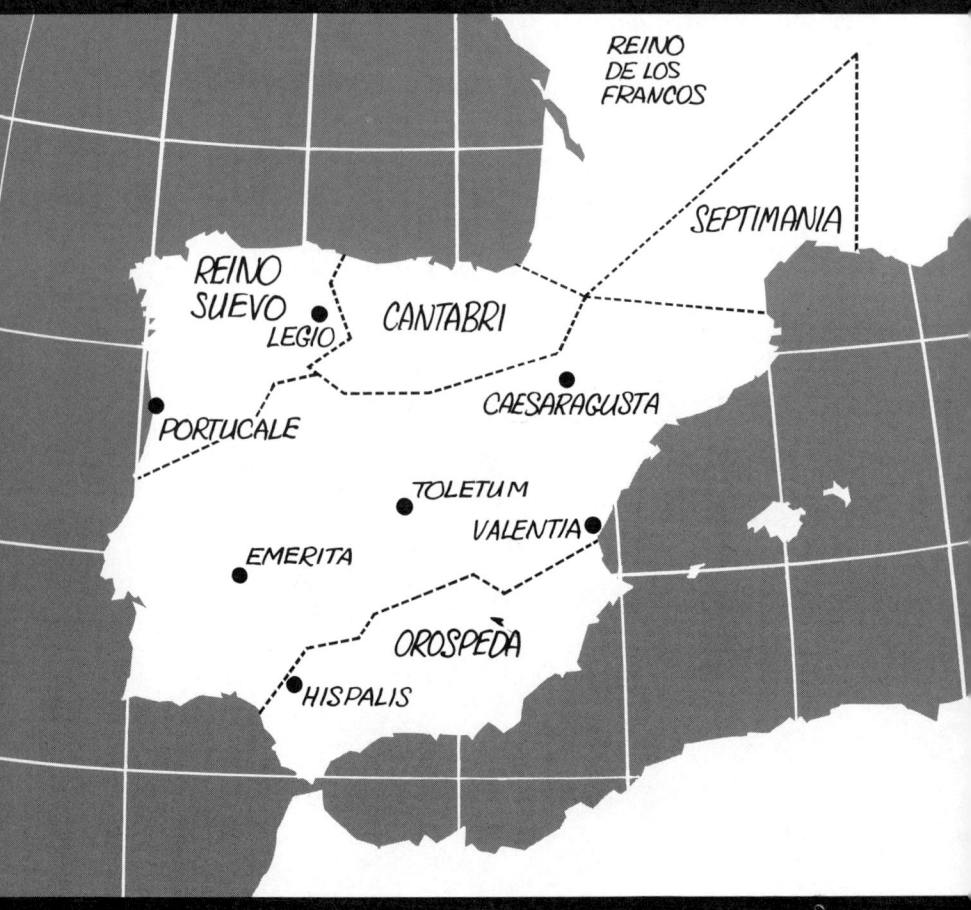

Lápida visigoda

# Ejercicios

I. Contestar en oraciones completas.
1. ¿Qué quería decir la palabra "bárbaro" para los romanos y los griegos?
2. ¿Cuáles fueron las tribus que invadieron España? ¿Dónde estableció la tribu más civilizada su capital?
3. ¿Por qué desapareció el idioma de los visigodos?
4. ¿Quién fue el primer rey visigodo a convertirse al catolicismo? ¿Qué importancia tuvo este hecho?
5. ¿Por qué son casi todos clérigos los grandes nombres de esta época?
6. ¿Quién es la figura que más destaca en la España visigoda? ¿Cómo se titula su libro? ¿De qué trata el libro?
7. ¿Cómo es la arquitectura visigoda? ¿Cuál es una de las características de la arquitectura visigoda?
8. ¿Dónde está el pueblecito de San Juan de Baños? ¿Por qué es importante la basílica de este pueblo?
9. ¿Qué es el *Fuero Juzgo*? ¿A qué ciudad fue dada la versión castellana? ¿Quién mandó hacer la versión castellana?
10. ¿Cuándo se llevó a cabo la reconquista de España?

**II.** *Dar el plural con el artículo definido de cada palabra.*

1. dominación
2. crueldad
3. idioma
4. asociación
5. versión
6. orden
7. metal
8. fuente
9. manantial
10. transporte

**III.** *Dar el infinitivo de cada forma.*

1. invadieron
2. desapareció
3. establecieron
4. traducida
5. cuenta
6. duró
7. se supiera
8. padecía

**IV.** *Llenar los espacios en blanco.*

1. Entre las tribus que invadieron España los más civilizados eran ____.
 (los suevos; los alanos; los visigodos)
2. El último rey visigodo se llamaba ____.
 (Recaredo; Rodrigo; Recesvinto)
3. Los nobles visigodos solicitaron la ayuda de ____.
 (los romanos; los hispanos; los moros)
4. Los visigodos adoptaron las costumbres de ____.
 (las tribus; los hispanos; los romanos)
5. La compilación de leyes hecha por los visigodos se llama ____.
 (La Etimología; El Fuero Juzgo; El Liber Judicorum)
6. Recesvinto mandó construir una iglesia para honrar a ____.
 (San Isidoro; San Juan Bautista; San Juan de Baños)

7. El reino visigodo duró ____.
   (tres siglos; trece siglos; tres años)
8. El último rey visigodo fue derrotado por ____.
   (los hispanos; los romanos; los moros)
9. Córdoba fue conquistada a ____.
   (los hispanos; los visigodos; los moros)
10. El dominio árabe duró hasta el año ____.
    (1492; 634; 711)

**V.** *Sustituir el infinitivo por la forma correcta del verbo en el pretérito.*
1. Los visigodos (llegar a) España cristianizados.
2. Los visigodos (adoptar) las costumbres romanas.
3. Las escuelas romanas (ser) sustituidas por las eclesiásticas.
4. Los visigodos (ser) los primeros en fabricar vidrio de colores.
5. El rey (mandar) construir una iglesia.
6. En esas épocas (trasladarse) inmensos bloques de mármol.
7. La escultura (tener) poco desarrollo entre los visigodos.
8. Los enemigos de Rodrigo (tratar de) destronarlo.
9. Los árabes o moros (hacerse) dueños de casi todo el país.
10. La reconquista de España (llevarse) a cabo durante el reino de los Reyes Católicos.

**VI.** *Mencionar diez palabras sacadas del texto que se parecen a palabras inglesas.*

(Ejemplos: civilizados — *civilized;* defender — *to defend*)

**VII.** *Llenar los espacios en blanco con la preposición que mejor complete la oración.*

1. Los bárbaros empezaron ____ invadir España.
   (a; de; en)
2. El pueblo hispano estaba cansado ____ las guerras.
   (por; en; de)
3. El *Liber judicorum* fue traducido ____ español.
   (del; para; al)
4. El manantial de Baños de Cerrato se encuentra ____ la iglesia.
   (cerca de; lejos de; después de)
5. El rey acababa ____ ganar una batalla.
   (en; con; de)
6. ____ los visigodos se destaca la riqueza de artes menores.
   (entre; en; por)
7. Los nobles luchaban ____ el rey.
   (entre; por; contra)
8. Los moros pasaron ____ España.
   (en; por; a)

**VIII.** *Contestar* **sí** *o* **no** *a las siguientes oraciones y dar la razón por su respuesta.*

1. De todas las tribus que invadieron España los alanos eran los más civilizados.
2. El pueblo hispano estaba cansado del gobierno romano.
3. Rodrigo fue el primer rey visigodo.
4. Guadalete es una ciudad.
5. San Isidoro fue el primero en convertirse al catolicismo.
6. El *Fuero Juzgo* es una enciclopedia del saber visigodo.

7. La versión castellana del *Fuero Juzgo* fue hecha por orden de los Reyes Católicos.
8. Rodrigo solicitó la ayuda de los moros.
9. Recesvinto mandó construir la basílica porque había ganado una batalla.
10. El estado visigodo fue una nación poderosa.

**IX.** *Aprender de memoria.*

REFRÁN:
Ayúdate tú, y Dios te ayudará.
(God helps those who help themselves.)

PROVERBIO:
Dad lo que es de César a César; y lo que es de Dios a Dios.
(Render unto Caesar the things that are Caesar's, and to God the things that are God's.)

COPLA:
En materia de gustos
nadie dispute;
porque para ser de gusto
basta que guste.

Ornamento visigodo de bronce

# 5

# Lo románico en España

                                In the ninth century the tomb of Saint James the Apostle, said to have been the first to preach the Gospel in Spain, was discovered in a lonely spot in the north-western province of Galicia. The village that rose around it was named Santiago de Compostela. Legend tells us that a star pointed the way to the tomb, hence the name Compostela (from Latin campus: *"field,"* and stella: *"star"*). Its fame spread rapidly and soon many devout Christians were making pilgrimages to the grave and to the great Cathedral slowly rising above it.

    Though pilgrims came from many parts of Europe and Britain (the shrine is mentioned in Chaucer's Canterbury Tales), *the route most often travelled was the "French" or "Jacobean" Road (*Camino de Santiago *in Spanish) beginning in historic Roncesvalles, a valley high in the Pyrenees in the province of Navarre. The pilgrims brought with them the*

Iglesia románica de Santa María de Naranco

*knowledge and skills of their part of the world and their influence was felt in every facet of life, especially in the arts. It may be said that the Romanesque style, predominant during this period, travelled the Jacobean Road from France with the Pilgrims on their way to pay homage to the Apostle James.*

*The Romanesque style is clean-lined and somber. Among its characteristics are the use of heavy stone in construction, the arch for support, the substitution of pillars for columns, thick walls, and the introduction of sculpture and paintings for decoration. Windows and doors were sparingly used and are characteristically small. The Road to Santiago is dotted with many examples of Romanesque architecture, e.g., churches, castles, hospices and hospitals, the latter formerly maintained by religious orders to care for the sick. Among the finest examples of this style of architecture is the church of San Martín in Frómista, a little town nestling in the wheat-growing province of Palencia. Though Frómista is unknown to the average traveller in Spain, many scholars have found their way to this quiet town to study what is probably the purest example of Romanesque architecture in Spain.*

Santiago

El arte románico es el que floreció en el mundo cristiano en los siglos XI, XII, y XIII. La arquitectura es un estilo con características definidas, esencialmente severo, pero con mucha decoración. Como en la Edad Media los arquitectos eran en su mayoría clérigos, el estilo románico se ve representado en iglesias y monasterios. Los muros son gruesos, las puertas y ventanas escasas y sencillas, y las portadas adornadas con esculturas. La forma de la iglesia de esos tiempos se deriva de la basílica latina. Tiene de tres a cinco naves con capillas a la cabecera. El interior está adornado con pinturas en los propios muros.

Hacia 1075 comienza la construcción de la Catedral de Santiago, la obra más importante del período románico español, aunque hay en ella influencias de otro estilo. Santiago de Compostela, lugar de peregrinación en la Edad Media, es hoy una ciudad monumental, y en ella se celebra, por indulgencia del Papa, el Año Santo cada vez que el día del Apóstol Santiago[1] (el 25 de julio) cae en domingo.

La ciudad de Santiago de Compostela surgió en torno de una tumba, descubierta en el siglo IX, que se cree del

---

[1]**Santiago** Saint James, brother of another apostle, Saint John the Evangelist. He is the patron saint of Spain.

Apóstol. Pronto adquirió fama de lugar de peregrinación. Los peregrinos llegaban de todas partes del mundo cristiano y la ruta que seguían desde Roncesvalles[2] en Navarra,[3] cerca de Francia, se llamaba el "Camino de Santiago." Esta ruta es de gran importancia en la historia de España, porque fueron los peregrinos quienes introdujeron en España el conocimiento y el arte de Europa. Se puede decir que el estilo románico, especialmente en la arquitectura, fue introducido en España por el "Camino de Santiago."

Al grupo de construcciones románicas pertenece la iglesia de San Martín de Frómista, un pueblecito de la provincia de Palencia[4] en este antiguo camino. Esta parte de la ruta de los peregrinos ofrece la más impresionante colección de construcciones románicas de España. La iglesia de San Martín es el más puro ejemplo del románico español. Frómista, antiguamente Frumesta, es un nombre que viene de la palabra latina *frumentum* que quiere decir "trigo." Está a treinta kilómetros de Palencia, capital de la provincia del mismo nombre, cuna de la primera universidad española fundada por Alfonso VIII[5]

---

[2]**Roncesvalles** A valley in the Pyrenees between France and Spain where Roland, hero of the epic *La Chanson de Roland,* met his death (778) when Charlemagne's army, returning to France, was attacked by the Basques.

[3]**Navarra** One of the Basque Provinces of northern Spain. Its capital is Pamplona, where the well known *fiesta de San Fermín* takes place during the week of July 7th. One of the features of the *fiesta* is the spectacle of the *encierro* or running of the bulls through the streets of the town. Young men hopefully race ahead of the bulls to be fought each day until they reach the corral of the bull ring.

[4]**Palencia** Province in the northern part of Spain in the region of Castilla la Vieja. The province was formerly part of the ancient kingdom of Leon.

[5]**Alfonso VIII** (1155–1214), king of Castile who fought and defeated the Moors in the Battle of Navas de Tolosa (1212), an important victory in the long struggle for the Reconquest of Spain. Alfonso founded the first university in Spain—the University of Palencia—in 1208.

en 1208. La capital de la provincia está situada a orillas del río Carrión. A su alrededor hay montañas y a lo lejos se ve una expansión de trigo.

La iglesia de San Martín de Frómista fue erigida en el siglo XI. Tiene tres naves paralelas cruzadas por otra nave dando la apariencia de una enorme cruz. En el centro hay una lámpara del siglo XV. Hay otra que tiene la forma de un caldero, hecha por un platero llamado Sanabria. En uno de los altares se ve la figura de Cristo crucificado, del tamaño de un hombre, toda hecha a mano. Tallada en el siglo XII, de madera de cerezo es, por su antigüedad y valor artístico, uno de los objetos de más valor en el templo.

Frómista está situado a 788 metros de altitud sobre el nivel del mar. En la parte más elevada del pueblo se encuentra otra iglesia, Santa María del Castillo, también de estilo románico. Lo más interesante de esta iglesia son los cuadros castellanos de influencia flamenca y los adornos góticos y renacentistas que fueron añadidos años después de su construcción.

Frómista es un pueblo un poco apartado de la ruta seguida por los turistas y viajeros. Los habitantes son gente sociable, religiosa y en su mayoría bien acomodada. Vale la pena detenerse en este pueblo en el "Camino de Santiago."

La Catedral de Santiago de Compostela

# *Ejercicios*

**I.** *Contestar las siguientes preguntas en oraciones completas.*
    1. ¿En qué siglos floreció el estilo románico?
    2. ¿Cuáles son algunas características de este estilo?

3. ¿En qué clase de edificios se ve representado?
4. ¿Cómo se adornaban los muros interiores de estos edificios?
5. ¿Cuál es la obra más importante del estilo románico español?
6. ¿Qué se descubrió en Santiago de Compostela en el siglo IX?
7. ¿Cómo se llama la ruta que seguían los peregrinos?
8. ¿Qué se celebra en Santiago de Compostela?
9. ¿Cuándo se celebra?
10. ¿En qué provincia está Frómista?
11. ¿Qué edificio importante hay en Frómista? ¿Por qué es importante?
12. ¿De qué palabra latina viene el nombre Frómista? ¿Qué significa?

**II.** *Escoger las palabras que no pertenecen al grupo.*
1. arquitectura / pintura / escultura / colección.
2. Santiago / Palencia / Cuevas de Altamira / Elche.
3. construcción / fama / iglesia / basílica.
4. muro / mundo / puerta / ventana.
5. ruta / camino / calle / cuna.
6. portada / lugar / pueblecito / villa.
7. años / siglos / peregrinos / época.
8. turista / viajero / hombre / orilla.
9. Francia / Europa / España / Portugal.
10. manantial / trigo / mar / río.

**III.** *Dar el artículo definido que corresponde.*
1. altitud
2. universidad
3. mano
4. nivel
5. gente
6. construcción
7. parte
8. lugar

**IV.** *Dar un antónimo de cada palabra.*
1. grande
2. perder
3. llegar
4. mayor
5. comenzar
6. enemigo
7. guerra
8. noche
9. después de
10. mal

**V.** *Expresar el infinitivo de las formas que siguen.*
1. introdujeron
2. puede
3. adquirió
4. dando
5. floreció
6. hay
7. se celebra
8. ofrece
9. surgió
10. hecha

**VI.** *Llenar los espacios en blanco con la palabra o frase que mejor complete el sentido de la oración.*
1. Los muros de los edificios románicos son ____.
(góticos; escasos; gruesos)
2. Las portadas de las iglesias se adornaban con ____.
(pinturas; cuadros; esculturas)
3. Frómista es ____.
(un pueblecito; una provincia; una ciudad)
4. Los peregrinos llegaban de ____.
(Santiago; la iglesia; todas partes)
5. En el "Camino de Santiago" hay ____.
(muchas cuevas; muchas palmeras; construcciones románicas)
6. El rey Alfonso VIII fundó ____.
(un monasterio; una universidad; una iglesia)
7. En la Edad Media, Santiago de Compostela era ____.
(una ruta; una ciudad monumental; un lugar de peregrinación)

8. La capital de la provincia de Palencia es ___.
   (Palencia; Frómista; Santiago de Compostela)
9. El día del Apóstol Santiago es el ___.
   (25 de diciembre; 15 de agosto; 25 de julio)
10. La iglesia de San Martín de Frómista es de construcción ___.
    (romana; románica; flamenca)

**VII.** *Llenar los espacios en blanco con el modismo que corresponde.*
1. La ciudad de Santiago de Compostela surgió ___ la tumba del Apóstol.
   (detrás de; acerca de; en torno de)
2. Roncesvalles está ___ Francia.
   (cerca de; lejos de; alrededor de)
3. La ciudad de Palencia está ___ río Carrión.
   (cerca de; en torno de; a orillas de)
4. Los arquitectos de la Edad Media eran clérigos ___.
   (a veces; repetidas veces; en su mayoría)
5. Frómista está situado a 788 metros ___ nivel del mar.
   (cerca del; a orillas del; sobre el)

**VIII.** *Aprender de memoria.*
REFRÁN:
   Más vale tarde que nunca.
   (Better late than never.)

PROVERBIO:
   El hombre propone y Dios dispone.
   (Man proposes and God disposes.)

ADIVINANZA:
   La vi en el mercado
   y me enamoré de ella;
   la llevé a casa
   y lloré por ella.
                (La cebolla)

# Toledo

Of all the sites which have been declared national monuments in Spain, Toledo is the most outstanding. This ancient museum city of narrow, winding streets stands on a granite hill surrounded on three sides by the Tagus River. Though its origins have been lost in antiquity, one legend attributes its founding to Tubal, the son of Noah.

Toledo was the capital of the Visigothic kingdom and during this period became Spain's most important religious center, a position which it holds today for it is the See of the Cardinal Primate of Spain. During Moorish domination, when the capital was moved to Córdoba, it remained an important city where Jews, Arabs, and Christians lived in an atmosphere of

Vista aérea de Toledo

*tolerance unknown elsewhere in Europe. It was a bilingual city in which Arabic and Castilian were spoken in daily life until approximately 1580 when the former was prohibited.*

*For several centuries Toledo was Spain's most important city, both industrially and culturally. Its silks, woolens and steel were widely known. As a cultural center, it brought the learning of Greece and the Orient to Spain through its* Escuela de Traductores. *After its conquest by Alfonso VI it became the chief royal residence until Philip II moved the court to Madrid in 1561. The importance of Toledo began to decline and it is today a quiet, provincial town though it retains its prominence as the religious center of Spain.*

Arte mudéjar

Toledo,¹ capital visigoda desde 569 hasta la llegada de los moros, está situada a orillas del río Tajo en la alta meseta de Castilla la Nueva.² En 712 fue conquistada por los moros bajo el mando de Tarik,³ general árabe. En pocos meses los moros, que habían invadido España a invitación del conde Julián,⁴ conquistaron toda la península menos la región cantábrica⁵ y los Pirineos. Allí se refugiaron los

---

¹**Toledo** City on the banks of the Tajo River, capital of province of the same name. It was the capital of Spain until Philip II moved the Court to Madrid in 1560.
²**Castilla la Nueva** *New Castile*. Territory of central Spain conquered from the Moors and incorporated into the kingdom of Leon (1230). Castile owes its name to the many castles (**castillo** from Latin *castellum*, diminutive of *castrum*, "a fortified place") erected along its frontiers as a defense against the Moors.
³**Tarik** Moorish general who defeated the Visigothic king Rodrigo in the Battle of Guadalete in 711. Gibraltar was named after him (Jebel-al-Tarik: Tarik's Mountain).
⁴**conde Julián** Count Julian. The governor of Andalusia during the reign of King Rodrigo. According to legend he invited the Moorish forces to come into Spain to help dethrone the king in order to avenge the seduction of his daughter Florinda.
⁵**región cantábrica** The Cantabrian region, located in the north of Spain, now consists of the provinces of Vizcaya and Santander.

hispanos que no querían vivir bajo el dominio árabe.
España se dividió en dos partes: la parte musulmana en el sur y la cristiana en el norte. Desde las montañas de Asturias[6] luchaban los hispanos contra los moros empezando así la Reconquista[7] de España, una lucha que duró casi ocho siglos.

Cuando los moros establecieron su capital en Córdoba[8] en el año 758, Toledo perdió su rango de centro religioso y político. Alfonso VI[9] reconquistó Toledo en 1085 y la ciudad vino a ser otra vez el centro cultural de España en el cual los moros, cristianos y hebreos vivieron en un ambiente de tolerancia durante tres siglos. Bajo la dirección del arzobispo don Raimundo se estableció la *Escuela de Traductores* a la que acudieron eruditos europeos. Gracias a este grupo de sabios fueron conocidos los textos árabes y griegos. En esta labor, continuada en Sevilla bajo el mando de Alfonso X el Sabio,[10] participaban cristianos, árabes, judíos, ejemplo de la tolerancia religiosa de esa época.

---

[6]**Asturias** Mountainous region of northern Spain. The reconquest of Spain from the Moors was begun in the mountains of Asturias by a band of Christians led by Pelayo, a Visigothic nobleman, who defeated the invaders in the Battle of Covadonga (718). Asturias became an independent kingdom with Pelayo as its first king. It was united with Castile in 1037.
[7]**Reconquista** The Reconquest designates the long struggle to wrest Spain from the Moors. It began in 718 with the Battle of Covadonga and ended with the capture of Granada (1492) during the reign of the Catholic Sovereigns.
[8]**Córdoba** City in the Andalusian region of Spain. For nearly three centuries it was the capital of the Moorish Empire. It was the birthplace of Maimonides (famous rabbi, philosopher and physician). Among its great monuments is the Cathedral built within the walls of a magnificent mosque (*la Mezquita*).
[9]**Alfonso VI** (1030–1109), king of Castile and Leon whose armies defeated the Moors in Toledo (1085) thus regaining the city for Spain.
[10]**Alfonso X el Sabio** (1252–1284), king of Castile and Leon, patron of the arts and sciences. The *Siete Partidas*, a compilation of laws, the *Crónica general*, a general history, and the *Tablas Alfonsinas*, a treatise on astronomy, were among the great works which he directed. His great interest in learning and his tolerance made Spain the intellectual center of the time.

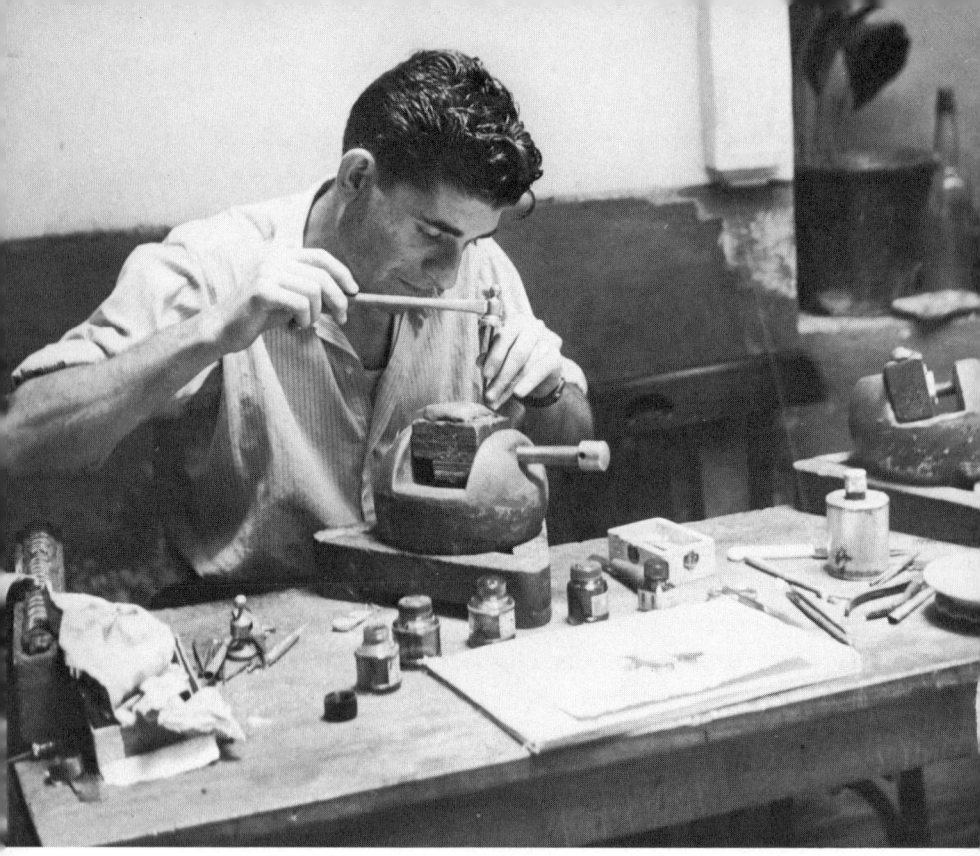

Platero de Toledo

Se desarrolla en este período el arte mudéjar,[11] un estilo que toma elementos del cristiano y añade los del estilo árabe. El uso de la cerámica y el yeso para la decoración, del ladrillo en la construcción, y la modificación del arco de herradura visigodo son características típicas de este estilo. Notables ejemplos del arte mudéjar en Toledo son la Puerta del Sol y la Sinagoga de El Tránsito. La Sinagoga fue construida por Samuel Levi,

[11]**mudéjar** When applied to people, it referred to Mohammedans who retained their religion and lived in Spain as vassals of the Spanish kings. In architecture, it is applied to a highly ornamental style, popular from the XIII to XVI centuries, combining Arabic and Christian elements.

tesorero del rey Pedro I[12] de Castilla. Hoy es biblioteca de estudios hebraicos y museo de arte mudéjar. Otra sinagoga, más antigua aún que la de El Tránsito, fue construida en el siglo XII y convertida en templo cristiano en 1405 con el nombre de Santa María la Blanca. Encierra su interior bellezas de arte mudéjar y es también un museo actualmente.

Un gran número de escritores, artistas, arquitectos y clérigos han contribuido a la fama de Toledo. Hombres de gran talento acudían a este centro de tolerancia y cultura. En 1576 llegó a España de Italia, donde se dice que había sido discípulo de Tiziano,[13] el artista Doménico Theotocópuli (1544?–1614). Por haber nacido en Creta, isla de Grecia, los españoles lo llamaban "El Greco." Hizo de España su segunda patria y en Toledo produjo cuadros de profunda expresión religiosa. Se sabe poco de su vida, pero sus cuadros se encuentran en varios lugares de la ciudad en que vivió casi treinta años: en el Museo que lleva su nombre y en su casa que está al lado; en el Hospital de Santa Cruz, y en la Iglesia de Santo Tomé donde se halla su más famoso cuadro—*El entierro del conde de Orgaz*.[14] En este cuadro, además de representar el milagro del entierro, el artista retrató a famosos personajes, contemporáneos suyos.

---

[12]**Pedro I** (1334–1369), king of Castile and Leon. Called *el Cruel* because of the severity of the punishment he meted out to his enemies.
[13]**Tiziano** *Titian* (1490?–1576). Great Italian painter of the Renaissance. Many of his paintings are in the Prado Museum.
[14]**conde de Orgaz** Don Gonzalo Ruiz de Toledo who died in 1323. He was a devout nobleman who restored the church of Santo Tomé. According to a legend of Toledo, on his death the Saints Augustin and Stephen descended from Heaven to place his body in the grave.

Son muchos los grandes monumentos de esta ciudad antigua, tan importante en la historia de España. Entre los que han contribuido a la fama de esta ciudad-museo destaca la Catedral, de lenta construcción, pues fue empezada en 1227 y acabada en 1493. Este gran templo es uno de los más importantes monumentos españoles por su magnificencia y los tesoros que encierra. Detrás del Altar Mayor está el famoso Transparente, obra del escultor Narciso Tomé, de estilo barroco[15] cuyos bellos mármoles, jaspes y mosaicos aparecen iluminados por una catarata de luz que viene de la bóveda superior. En la Sacristía y en el Tesoro de la Catedral hay pinturas y objetos de oro de gran valor.

El Alcázar de Toledo, otro monumento, fue construido por Carlos V de Alemania y I de España como fuerte para la defensa de Toledo. Ha sido destruido cuatro veces, la última en 1936, a principios de la guerra civil en España. En 1882 se destinó a academia militar y actualmente se encuentra en vías de reconstrucción.

No solo por sus monumentos tiene fama Toledo. Son famosas las cerámicas de Talavera de la Reina,[16] en la provincia de Toledo, y la fabricación del acero, utilizado en la espadas toledanas con incrustaciones de oro y esmalte.

---

[15]**barroco** *baroque*. A style of architecture, originating in Italy in the late XVI century. Characterized by curved lines and excessive decoration, it found its greatest expression in the churches and palaces of the XVII and XVIII centuries.
[16]**Talavera de la Reina** City on the banks of the Tagus River in the province of Toledo. It is famous for its pottery and tiles. In this city the famous British general, the Duke of Wellington, and his forces aided by the Spaniards, defeated the French (1809) during the Peninsular War (1808–1814).

La cerámica en la arquitectura mudéjar (Sevilla)

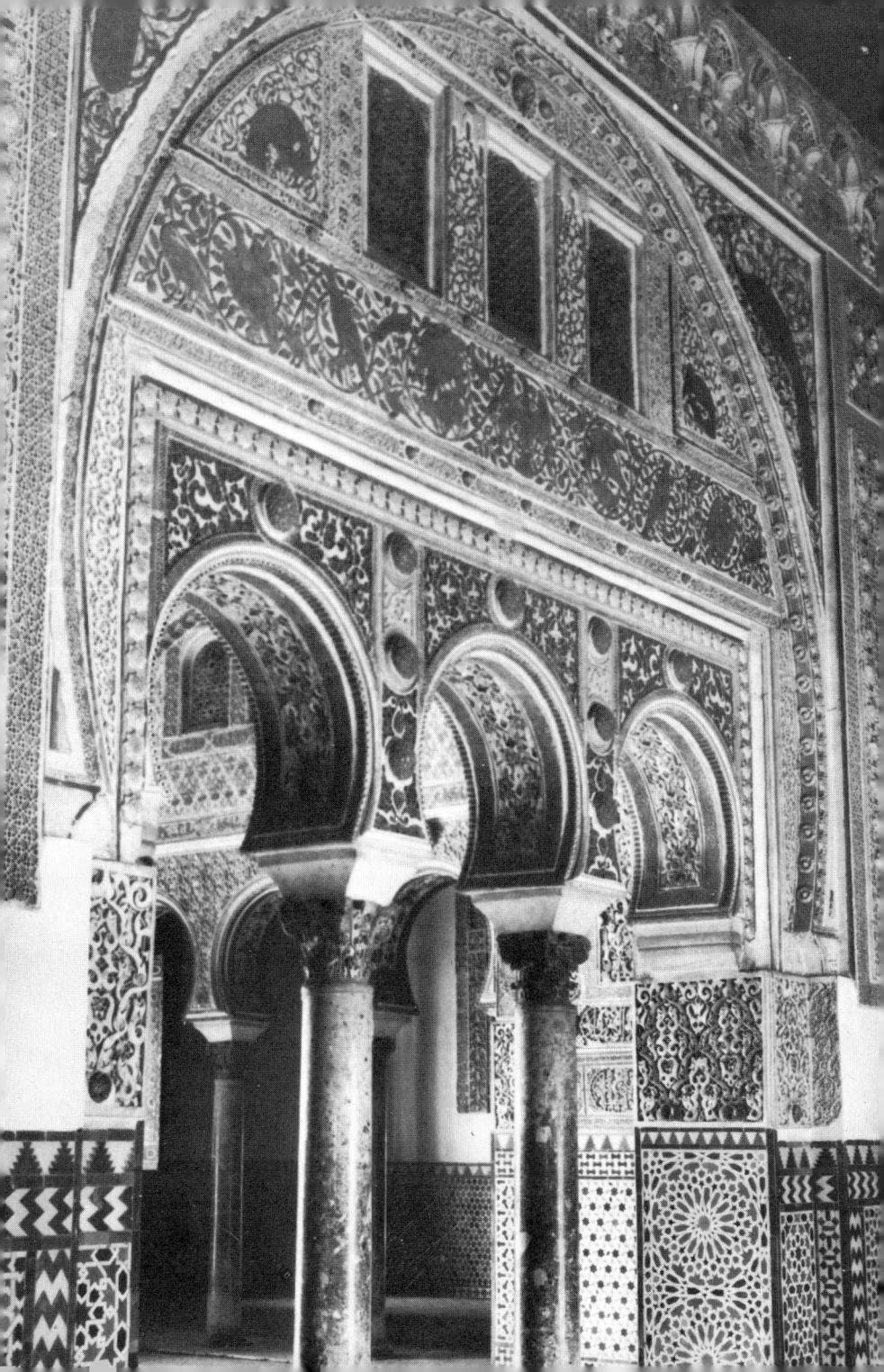

A pesar de que haya sido declarada monumento nacional por su gran riqueza artística, Toledo es hoy una tranquila ciudad de provincia. La vida diaria de sus habitantes es hospitalaria, pero sobria. Toledo se anima el día de Corpus Christi.[17] Dan esplendor a la fiesta religiosa los brillantes colores de las mantas y banderas que cuelgan los toledanos de las ventanas, los vestidos de la gente y las joyas que se exhiben en la procesión. La joya de valor incalculable que se destaca en la procesión es la Custodia de Arfe,[18] hecha de plata, oro, y piedras preciosas. En la fiesta de ese día, Toledo vuelve a ser la ciudad de fama antigua.

---

[17]**Corpus Christi** A Catholic festival in commemoration of the Eucharist. It is celebrated on the eighth Thursday after Easter.

[18]**Arfe y Villafañe, Juan de** (1535–1602), member of a famous Spanish family of goldsmiths of the XVI and XVII centuries. Juan de Arfe was also the goldsmith who created the elaborate monstrances of the Cathedrals of Ávila and Valladolid.

El Transparente (Catedral de Toledo)

Jarra (Talavera de la Reina)

# Ejercicios

**I.** *Contestar en oraciones completas.*
1. ¿Dónde está situada la ciudad de Toledo? ¿Por quién fue conquistada? ¿En qué año?
2. ¿Dónde se refugiaron los hispanos que no querían vivir bajo el dominio árabe? ¿Cómo se llama la lucha que empezó allí? ¿Cuánto tiempo duró?
3. ¿En qué ciudad se estableció la nueva capital? ¿Quien la reconquistó?
4. ¿Cómo se llamaba el grupo de eruditos que vino a Toledo? ¿Qué importancia tuvo su labor?
5. ¿Cuáles son las características del estilo mudéjar? Menciónense algunos ejemplos de este estilo.
6. ¿Por qué se considera un importante monumento español la Catedral de Toledo?

7. ¿Cuántas veces ha sido destruido el Alcázar de Toledo? ¿Sigue siendo fuerte para la defensa de la ciudad?
8. ¿Dónde nació El Greco? ¿Cuál es su verdadero nombre? ¿Cuántos años vivió en Toledo?
9. Menciónense algunos lugares en Toledo en que se encuentran sus cuadros. ¿Cuál es su más famoso cuadro?
10. ¿En qué se utiliza el acero de Toledo?
11. ¿Cuál es la fiesta principal de Toledo? ¿Qué cuelgan los toledanos de las ventanas?
12. ¿De qué está hecha la Custodia de Arfe?

**II.** *Dar el infinitivo de las siguientes palabras.*
1. llegada
2. lucha
3. construcción
4. invitación
5. dominación
6. caída
7. conocimiento
8. resistencia

**III.** *Dar el antónimo de las siguientes palabras.*
1. menos
2. poco
3. pobre
4. vida
5. último
6. tarde
7. construir
8. viejo
9. oro
10. río

**IV.** *Llenar los espacios en blanco con la palabra o frase que mejor complete el sentido de la oración.*
1. Toledo está situada a orillas del ____.
   (río Guadalete; río Tajo; río Ebro)
2. Los moros invadieron España a invitación del ____.
   (conde Julián; general Tarik; rey Alfonso VI)
3. La capital del imperio moro era ____.
   (Sevilla; Toledo; Córdoba)

4. En Toledo se estableció una escuela de ____.
   (escritores; pintores; traductores)
5. Los hispanos se refugiaron en ____.
   (Valencia; Castilla; Asturias)
6. El arte mudéjar toma elementos del arte cristiano y del ____.
   (romano; árabe; visigodo)
7. En 1576 llegó a España un artista llamado ____.
   (Tiziano; Narciso Tomé; El Greco)
8. Creta es ____ de Grecia.
   (una ciudad; una provincia; una isla)
9. El Alcázar de Toledo es ____.
   (un hospital; un museo; una academia militar)
10. El Transparente está en ____.
    (La Catedral; El Alcázar; Talavera)

**V.** *Dar el artículo definido de cada palabra.*
1. esplendor
2. labor
3. expresión
4. altar
5. personaje
6. valor
7. hospital
8. día

**VI.** *Llenar los espacios en blanco.*
1. Toledo fue conquistada ____ los moros.
   (para; por; de)
2. Los moros habían invadido España ____ invitación del conde Julián.
   (por; a; de)
3. Hombres de gran talento acudían ____ Toledo.
   (hasta; en; a)
4. La Catedral es un importante monumento ____ su magnificencia.
   (por; para; en)

5. El Alcázar fue construido como fuerte ___ la defensa de Toledo.
(por; para; de)
6. Las espadas toledanas tienen incrustaciones ___ oro y esmalte.
(en; de; a)
7. Los toledanos cuelgan mantas y banderas ___ las ventanas.
(hasta; por; de)
8. La Custodia de Arfe, hecha ___ oro, plata, y piedras preciosas, es de gran valor.
(en; a; de)
9. El Alcázar fue construido ___ Carlos V.
(por; de; para)
10. Toledo es hoy una ciudad ___ provincia.
(de; en; para)

**VII.** *Buscar en el mapa.*
1. los Pirineos
2. el río Tajo
3. Talavera de la Reina
4. Sevilla
5. Castilla la Nueva
6. Toledo
7. Asturias
8. Córdoba

**VIII.** *Aprender de memoria.*
REFRÁN:
Perro ladrador, poco mordedor.
(A barking dog never bites.)

PROVERBIO:
No es oro todo lo que reluce.
(All's not gold that glitters.)

COPLA:
    Es sombra lo pasado;
niebla el futuro;
relámpago el presente.
¡La vida es humo!

Carlos V

# 7
# *El Escorial*

*About thirty miles north of Madrid in the granite mountains of the Guadarrama range is one of the most extraordinary structures in Spain. The Monastery of El Escorial of San Lorenzo, as it is called, is a vast complex whose most important buildings consist of a monastery, a royal palace, a library and a church. Begun in 1562 and completed in 1584, it was built by Philip II to commemorate the victory at San Quentin (France) and to fulfill a promise made to his father, Charles I, who charged him with building a pantheon for the royal family and its descendants. An imposing structure of great severity during the day, the Monastery acquires a new dimension at night when it is softly illuminated by artificial light. Seen then from a distance it is a memorable sight.*

*Though the town of El Escorial is more then 3,000 feet above sea level and lies well within the scorched bleakness of the Castilian plain, it is in an area rich in streams and forests. In summer, its climate refreshed by the cooling winds from the Guadarramas has proven so favorable that many residents of Madrid have built summer homes in this town that retains much of its old customs and traditions.*

*A short distance from the Monastery, near the town of Cuelgamuros, is another famous landmark, the Basilica of Santa Cruz del Valle de los Caídos, erected to the memory of the victims of the Civil War (1936–1939). This memorial was carved out of the granite mountain (Risco de la Nava) and is topped by a Cross which rises more than 900 feet above the base of the Basilica.*

En el año 1556 Carlos I,[1] cansado de las guerras continuas de su reinado y de las preocupaciones del Estado, abdicó el trono en favor de su hijo Felipe II,[2] El Prudente. Se retiró al monasterio de Yuste,[3] pueblo de la provincia de Cáceres donde murió a los dos años. En su testamento

---

[1] **Carlos I** Charles I of Spain and V of the Holy Roman Empire (1500–1558), the most powerful of the Holy Roman Emperors. Through his maternal grandparents (Ferdinand and Isabella), he inherited the Spanish kingdoms and became Charles I of Spain. His reign was characterized by constant wars with France and Turkey and against the Protestants. In 1556 he abdicated the German kingdoms (which he had inherited from his paternal grandparents, Maximilian I and Mary of Burgundy) in favor of his brother Ferdinand, and the throne of Spain passed on to his son Philip II.

[2] **Felipe II** (1527–1598), son of Charles I and Isabel of Portugal. He continued the wars against France and the Protestants. His most implacable enemy was Elizabeth of England who lent her support to his enemies. He sent the Invincible Armada to invade England and seize the throne for him, but it was defeated by Sir Francis Drake in the English Channel (1588). Fanatically religious and cold, his efforts to stamp out Protestantism made possible the success of the Inquisition. His attempts to introduce this institution in the Netherlands cost him the Dutch provinces.

[3] **Yuste, San Jerónimo de** a monastery of the Hieronymite Order, named after St. Jerome who translated the Bible into Latin. His translations became the basis of the Vulgate. Carlos I retired to this monastery in 1556.

Casa de Carlos V en Yuste

dejó a su hijo el encargo de construir una sepultura para él y sus descendientes. Cuenta la historia que Felipe ya había decidido levantar un templo a San Lorenzo en agradecimiento por la victoria de San Quintín[4] ganada a los franceses. Esta batalla, la primera victoria que obtuvo siendo rey, fue ganada el 10 de agosto de 1557, el día de San Lorenzo, mártir español. Al mismo tiempo el rey necesitaba un palacio fuera de Madrid donde podría descansar y dirigir con calma las guerras de su reinado

---

[4]**San Quintín** (Saint Quentin) city in northern France, the scene of a Spanish victory in Philip's war against France. The battle was won on St. Lawrence's day (August 10, 1557). In gratitude, Philip added a church to the vast complex of El Escorial and called the monastery "El Monasterio de San Lorenzo de El Escorial."

y los asuntos del Estado. Decidió construir el monasterio de San Lorenzo de El Escorial para satisfacer los deseos de su padre, cumplir con su promesa al santo y conseguir el palacio que tanto necesitaba.

El sitio que escogió para fundar el vasto edificio está a 49 kilómetros de Madrid en la Sierra de Guadarrama.[5] El

---

[5]**Sierra de Guadarrama** a mountain range of central Spain north of Madrid.

pueblo se llama El Escorial, palabra que viene de "escoria" (*slag* en inglés), porque en otros tiempos se echaba allí el residuo de la fabricación del hierro.

25 En el año 1563 se empezó la construcción a cargo del arquitecto Juan Bautista de Toledo y a la muerte de éste

Monasterio de El Escorial

continuó la obra Juan de Herrera,⁶ quien se considera su verdadero creador. Los arquitectos siguieron el plan de Felipe II quien inspeccionaba frecuentemente la construcción. En los alrededores del monasterio hay una roca llamada "la silla de Felipe II." Se cuenta que desde allí el rey contemplaba cada detalle de la construcción del gran edificio. Se acabó en el año 1584 y por tres siglos sirvió de palacio y panteón real, monasterio y biblioteca.

El edificio tiene la forma de una parrilla invertida, porque San Lorenzo fue quemado vivo en una parrilla por orden del emperador romano Valeriano.⁷ Considerado hoy la Octava Maravilla,⁸ el conjunto refleja el carácter grave y severo de su creador, el rey Felipe II. El exterior no tiene adorno de ninguna clase y la severidad gris está acentuada por el fondo montañoso de la Sierra de donde vino el granito de la construcción. En la parte destinada a los apartamentos reales (o palacio) están las habitaciones del rey. Consisten en una sala y dos alcobas. En una de las alcobas, una celda sencilla como la de un monje, murió el rey.

El templo, que tiene la misma forma que San Pedro de Roma,⁹ es uno de los más notables de España tanto por

---

⁶**Juan de Herrera** (1530–1597), Spanish architect who, with Juan Bautista de Toledo carried out the plans of Philip II in the construction of the Monastery of El Escorial. He designed also the Cathedral at Valladolid, the Plaza Mayor of Madrid, and the exterior of the Alcazar of Toledo.

⁷**Valeriano** (*Valerian*), emperor of Rome (253–260). He was captured during a campaign against the Persians and put to death by them.

⁸**Octava Maravilla** The monastery of San Lorenzo of El Escorial has been called by its admirers the Eighth Wonder of the World. The original Seven Wonders of the ancient world were: the Pyramids of Egypt; the Hanging Gardens of Babylon; the statue of Zeus by Phidias; the Colossus (statue of the sun god Helios) overlooking the harbor of Rhodes; the Mausoleum at Halicarnassus in Asia Minor; the Pharos (lighthouse) in the harbor of Alexandria (Egypt), and the temple of Artemis at Ephesus.

el tamaño como por la severidad del estilo. Debajo del
50 Altar Mayor se encuentra el Panteón de los Reyes y el
Panteón de los Infantes. En el primero están enterrados
todos los monarcas desde Carlos I hasta Alfonso XII,
con excepción de Felipe V y Fernando VI.

La Biblioteca del monasterio es un tesoro de incalcu-
55 lable valor. Sin contar los tapices, frescos y cuadros, es
notable la colección de incunables y libros impresos.

Cerca del monasterio hay dos palacios pequeños
llamados la Casita de Arriba y la Casita de Abajo, construi-
das para los príncipes. Han sido restaurados al estilo de la
60 época y están abiertos al público.

En los alrededores de El Escorial hay sitios para paseos
frecuentados por turistas y madrileños que huyen del
calor de la ciudad, pues el clima de esta parte de España
es muy agradable. Además de su importancia por el vasto
65 monasterio, El Escorial tiene fama de lugar de veraneo y
muchos madrileños han construido hermosas casas de
verano en esta parte de la Sierra.

[9]**San Pedro de Roma** the Basilica of Saint Peter in Rome. The largest, most important and richest church of the Christian world.

Felipe II

# *Ejercicios*

I. *Contestar en oraciones completas.*
   1. ¿Por qué abdicó el trono Carlos I? ¿Cómo se llamaba su hijo?
   2. ¿Qué encargo le dejó Carlos I a su hijo?
   3. ¿Dónde pasó Carlos I los últimos dos años de su vida?
   4. ¿Qué victoria celebra el monasterio que construyó Felipe II? ¿En qué día fue ganada la victoria? ¿Qué decidió hacer Felipe II en agradecimiento?
   5. ¿Por qué necesitaba Felipe II un palacio fuera de Madrid?
   6. ¿Cómo se llama el pueblo que escogió Felipe para fundar el edificio? ¿Dónde está? ¿Cómo se llama la sierra en que se halla el pueblo?
   7. ¿De qué palabra viene el nombre del pueblo? ¿Por qué tiene ese nombre?

8. Dé los nombres de los arquitectos del monasterio. ¿Cuál de los dos se considera el verdadero creador del edificio?
9. ¿En qué consiste el conjunto del monasterio? ¿Qué refleja?
10. ¿Qué forma tiene el monasterio? ¿Por qué? ¿De qué roca está construido? ¿De dónde viene esta roca?
11. ¿Qué forma tiene el templo del monasterio? ¿Qué hay debajo del Altar Mayor?
12. Menciónense algunos tesoros de la Biblioteca del monasterio.

**II.** *Dar el infinitivo de las siguientes formas.*

1. murió
2. obtuvo
3. escogió
4. viene
5. sirvió
6. abierto
7. huyen
8. vino
9. abdicó
10. siendo

**III.** *Contestar* **sí** *o* **no** *a las siguientes oraciones y dar la razón por su respuesta.*

1. Carlos I abdicó el trono porque quería un palacio fuera de Madrid.
2. Se retiró al monasterio de El Escorial.
3. La batalla de San Quintín fue la última batalla que ganó Felipe II.
4. El sitio que escogió Felipe II para fundar el monasterio está cerca de Madrid.
5. Felipe II inspeccionaba cada detalle de la construcción.
6. El aposento del rey tiene muchos adornos.
7. El monasterio se considera la Primera Maravilla del mundo.

8. Los monarcas están enterrados en el Panteón de los Infantes.
9. Las dos Casitas no están abiertas al público.
10. El pueblo de El Escorial tiene fama de lugar de veraneo.

**IV.** *Dar el artículo definido de cada forma.*
1. descendiente
2. carácter
3. exterior
4. muerte
5. detalle
6. altar
7. creador
8. plan
9. clima
10. valor

**V.** *Llenar los espacios en blanco.*
1. Yuste está en la provincia de ____.
   (Asturias; Valencia; Cáceres)
2. San Quintín está en ____.
   (España; Italia; Francia)
3. Los arquitectos que construyeron el monasterio de El Escorial siguieron el plan de ____.
   (Carlos I; Alfonso VI; Felipe II)
4. San Lorenzo fue quemado vivo por orden del emperador ____.
   (Valeriano; Adriano; Trajano)
5. Felipe II murió en ____.
   (El Escorial; Yuste; Madrid)
6. Desde el monasterio se ve ____.
   (el mar; la sierra; un pueblo)
7. El monasterio tiene ____.
   (una biblioteca; un puente; una universidad)
8. Un incunable es ____.
   (un libro; un príncipe; un lugar)

**VI.** *Dar un sinónimo de cada palabra.*
  1. obtener
  2. sitio
  3. acabar
  4. templo
  5. adorno

**VII.** *Buscar los siguientes en el mapa.*
  1. Cáceres (ciudad)
  2. Madrid
  3. Sierra de Guadarrama
  4. El Escorial (pueblo)

**VIII.** *Aprender de memoria.*
  REFRÁN:
  De tal palo, tal astilla.
  (Like father, like son.)

  ADIVINANZA:
  ¿Qué cosa es
  que silba sin boca,
  corre sin pies,
  te pega en la cara
  y tú no lo ves?
  (El viento)

# 8

# Salamanca

The province of Salamanca, formed from part of the old kingdom of Leon, lies in the western part of Spain. Largely agricultural, its chief products are grapes for wine, olives, hemp and cereals. The pine and oak forests of the southern part of the province supply lumber for other sections of Spain.

Its capital is the city of Salamanca (Salamantia, as it was known during the Roman Empire). It was the scene of many invasions, first from the Romans, then the tribes coming from the north and, finally, the Moors. Salamanca was reconquered by

La Plaza Mayor de Salamanca

*Alfonso VI who encouraged the rebuilding and repopulation of the city laid waste so many times by its invaders. The glory of the city of Salamanca, apart from its architectural treasures, is due to the university, formerly a great intellectual center which attracted students and scholars from all parts of Europe and which competed with the Universities of Bologna, Paris and Oxford. Because of political pressures the university lost much of its splendor and by 1824 its registration and courses were sharply curtailed. Today attempts are being made to restore its high standards and to recover the fame that rightfully belongs to it.*

La Casa de las Conchas en Salamanca

Salamanca, ciudad universitaria, ha sido llamada "la ciudad dorada." Parece iluminada por el sol aun en los días más nublados. Está construida casi enteramente de la piedra caliza que es amarilla como el oro y de ahí el nombre de "ciudad dorada." Es esta ciudad, a orillas del río Tormes, una de las más interesantes de España por su tradición cultural y la riqueza de sus monumentos. Como todas las ciudades antiguas se conservan en ella monumentos de todas las épocas—catedrales, palacios, puentes, etc.

De origen remoto, Salamanca ha sido ocupada por los romanos, las tribus "bárbaras" y los árabes. De la ocupación romana quedan unos recuerdos, el más importante siendo el puente sobre el río Tormes. Los ¹⁵ "bárbaros", es decir los suevos, alanos, y vándalos, dejaron poco—solo unas monedas que hoy están en el Museo Arqueológico. Los visigodos, que llegaron a España convertidos al cristianismo, introdujeron su religión. Durante la invasión árabe, Salamanca fue ocu- ²⁰ pada por Tarik. Después de cuatro siglos de lucha continua entre moros y cristianos la ciudad fue reconquistada por Alfonso VI y de ahí empieza Salamanca a adquirir importancia como centro cultural.

Más que a sus templos debe Salamanca su fama a la ²⁵ universidad que es uno de los monumentos más representativos del espíritu español. La vida de la ciudad gira en torno a ella. No se sabe la fecha exacta de la fundación de este centro de enseñanza. Sabemos la época aproximada, pues fue erigida por Alfonso IX[1] en el siglo XIII. ³⁰ La biblioteca de la universidad fue fundada por Alfonso X el Sabio y protegida por el Papa Alejandro IV quien la declaró uno de los cuatro "Estudios Generales" del mundo, comparándola así con las universidades de París,[2] Bolonia[3] y Oxford.[4] Así es que la universidad recibió la ³⁵ autorización del rey y del Papa que le dio gran prestigio. Antes se le llamaba "Estudios Generales" a las universidades porque constituían una sociedad de profesores y

---

[1]**Alfonso IX** (1171–1230) was crowned king of Leon in 1188. His reign is known for its wars against the Moors from whom he captured the city of Mérida.

[2]University of Paris, popularly known as the Sorbonne (one of its colleges) was officially opened in 1257(?). It was founded by Robert de Sorbon, a chaplain of King Louis IX.

[3]**Bolonia** (Bologna) City in northern Italy. Its university, dating from the XI century, became one of the most important centers of learning during the Middle Ages.

[4]**Oxford** renowned English University founded early in the XII century. It is a famous center for classics, theology and political science.

Plaza de la Universidad de Salamanca

estudiantes. Para que un "estudio" tuviese el carácter de "general" tenía que ser autorizada por el rey o el Papa.
40 En el primer caso el estudio tenía validez para todo el reino; en el segundo para toda la cristiandad. En tiempo de Cervantes[5] el número de estudiantes que asistían a la Universidad llegó a doce mil. Entre sus hijos ilustres la universidad cuenta muchos de los grandes hombres de
45 España. Destacan Fray Luis de León,[6] religioso, poeta y maestro; Antonio de Nebrija,[7] autor de la primera gramática española; Luis de Góngora,[8] poeta; Miguel de Unamuno,[9] filósofo y rector de la universidad.

El ambiente universitario se interrumpe con frecuencia
50 por las célebres "tunas." Éstas son grupos de estudiantes que forman pequeñas orquestas y salen tocando varios instrumentos por las calles de la ciudad. En ocasiones recogen dinero para ayudar a los necesitados. El sábado por la noche se reunen estas "tunas" en la Plaza Mayor,
55 centro de la vida diaria salamantina. Por su armonía y

---

[5]**Cervantes:** Miguel de Cervantes Saavedra (1547–1616), author of *Don Quijote de la Mancha*, and Spain's most celebrated literary figure. Despite his supreme talent, fame and success eluded him during his life.

[6]**Luis de León** (1527–1591), Spanish mystic poet and monk; translator of Horace, Vergil, and the Bible. He was imprisoned by the Inquisition for having translated Solomon's *Song of Songs*. Legend tells us that when he was released from prison, after serving five years, he began his first lecture at the University with the words "Dicebamus hesterna die..." ("As we were saying yesterday...").

[7]**Nebrija, Elio Antonio de** (1444–1522) sometimes called Lebrija, famous professor at the University of Salamanca and author of the first grammar published in the Spanish language (1492). Nebrija was also one of the translators of the Polyglot Bible.

[8]**Góngora**[5] Luis de Góngora y Argote (1561–1627), a priest and great poet of Spain's Golden Age. He was known for the elegance of his writing.

[9]**Unamuno, Miguel de** (1864–1936), leading figure of XX century Spain. He was a professor of Greek, rector of the University of Salamanca, a philosopher, novelist, playwright and poet. He won international acclaim through his philosophical treatise entitled *Del sentimiento trágico de la vida* (The Tragic Sense of Life).

estilo la plaza se considera una de las joyas de España. Es de un estilo churrigueresco que se caracteriza por el exceso de adornos en la arquitectura. Debe su nombre a la familia de los Churriguera, arquitectos y escultores de los siglos XVII y XVIII. Es en Salamanca donde se hallan las obras más características de este estilo. Se ve representado en la Catedral nueva[10] y en las fachadas de muchos edificios de la ciudad.

Uno de los tesoros de Salamanca, aunque no de estilo churrigueresco, es la Casa o Palacio de las Conchas, construido a principios del siglo XVI por un consejero de la reina Isabela. Tal es la finura del edificio que parece un mueble. Las conchas que la adornan se deben al hecho de que su primer dueño, el doctor Talavera Maldonado, fue caballero de la Orden de Santiago[11] de la cual es emblema la concha.

A pesar de ser Salamanca una ciudad antigua cuyos edificios y calles son el recuerdo de su larga historia, se ven en la ciudad los adelantos de nuestra época—el tranvía y el autobús, los automóviles y la radio, las tiendas y los cines. El sábado por la noche se ilumina la ciudad, se reunen las tunas, y la Plaza se llena de gente. En la claridad de la noche salamantina se ve reflejado en el Río Tormes el puente romano que lo atraviesa.

---

[10]The "new" Cathedral of Salamanca was begun in 1513 (?) and adjoins the old Cathedral begun in 1100(?). The old cathedral was called the "Fortis Salamantina" because of the thickness of its walls (approximately ten feet wide). An old saying describes Spain's chief cathedrals as "Toledo, la rica; Salamanca, la fuerte; León, la bella . . . ; y Sevilla, la grande."

[11]**Orden de Santiago** A religious and military order established in the XII century to protect the pilgrims traveling to the shrine of Santiago.

Toledo, la rica,   Salamanca, la fuerte,
León, la bella . . . ;   y Sevilla, la grande.

Puente romano y Catedral de Salamanca

# *Ejercicios*

I. *Contestar en oraciones completas.*
    1. ¿Qué nombre se le ha dado a Salamanca? ¿Por qué?
    2. ¿Por quiénes fue ocupada Salamanca? ¿Qué recuerdos quedan de estas ocupaciones?

3. ¿Cuánto tiempo duró la lucha por la reconquista de Salamanca? ¿Por quién fue reconquistada?
4. ¿En qué siglo fue erigida la Universidad de Salamanca? ¿Por quién? ¿Quién fundó la biblioteca?
5. ¿Por qué se les llamaba "Estudios Generales" a las universidades?

6. ¿Quiénes tenían que autorizar los "estudios"? ¿Por qué?
7. Menciónense los nombres de dos hombres ilustres que asistieron a la universidad.
8. ¿Qué es una tuna?
9. ¿Quiénes eran los Churriguera?
10. ¿A qué se debe el nombre de la Casa de las Conchas?

II. *Llenar los espacios en blanco con la palabra o frase que mejor complete el sentido de la oración.*
1. Salamanca es una ciudad ____.
   (industrial; marítima; universitaria)
2. El color de la piedra de los edificios salamantinos es ____.
   (blanco; amarillo; rojo)
3. Salamanca está situada a orillas del río ____.
   (Ebro; Tajo; Tormes)
4. La ciudad empezó a adquirir importancia ____.
   (después de la Reconquista; en tiempo de Cervantes; durante la invasión árabe)
5. Durante la invasión árabe Salamanca fue ocupada por ____.
   (Trajano; Tarik; Séneca)
6. Salamanca debe su fama a ____.
   (la Catedral nueva; el puente romano; la Universidad)
7. El centro de la vida diaria de Salamanca es ____.
   (la Casa de las Conchas; el puente romano; la Plaza Mayor)
8. Las tunas recogen dinero para ____.
   (ayudar a los necesitados; ir a las fiestas; comprar instrumentos)
9. La Catedral Nueva es de estilo ____.

(románico; visigodo; churrigueresco)
10. En Salamanca se ven ____.
(muchos puentes; los adelantos de nuestra época; edificios visigodos)

**III.** *Dar un sinónimo de cada palabra.*
1. construir
2. adquirir
3. atravesar
4. hallarse
5. maestro
6. época
7. catedral
8. palacio
9. en torno a
10. lucha

**IV.** *Escoger la palabra que mejor complete el sentido de la oración.*
1. La parte exterior de un edificio se llama . . .
2. Una construcción que permite atravesar un río es . . .
3. Un hombre que enseña en una universidad es . . .
4. El espacio de cien años es . . .
5. La parte de la tierra cerca de un río se llama . . .
6. Una casa grande y rica para reyes es . . .
7. Un día nublado es un día sin . . .
8. La palabra *origen* quiere decir . . .
9. El símbolo de una sociedad u orden se llama . . .
10. Un lugar donde se venden cosas se llama . . .

1. una tienda
2. la orilla
3. el emblema
4. un palacio
5. la fachada
6. un puente
7. un profesor
8. un siglo
9. principio
10. sol

**V.** *Usar la forma apropiada del infinitivo que va entre paréntesis.*
1. La ciudad de Salamanca (parecer) iluminada por el sol.
2. Los edificios (estar) construidos de la piedra caliza.
3. La ciudad (ser) de origen remoto.
4. Las monedas que (dejar) las tribus "bárbaras" (estar) en el Museo Arqueológico.
5. Salamanca (empezar) a adquirir importancia después de la Reconquista.
6. En el siglo XIII la universidad (recibir) la autorización del Papa Alejandro IV.
7. Las tunas (cantar) y (tocar) instrumentos por las calles de la ciudad.
8. La Plaza Mayor (constituir) el centro de la vida salamantina.

**VI.** *Dar el plural de cada palabra y el artículo que corresponde.*
1. estudiante
2. poeta
3. tradición
4. noche
5. sociedad
6. emblema
7. catedral
8. espíritu

**VII.** *Completar las siguientes oraciones.*
1. Salamanca es interesante por . . .
2. Se conservan en ella . . .
3. Los visigodos llegaron a España . . .
4. La vida de Salamanca gira . . .
5. La Universidad de Salamanca fue protegida por el Papa Alejandro IV quien . . .
6. En tiempo de Cervantes el número de estudiantes . . .
7. El estilo churrigueresco se caracteriza . . .
8. En Salamanca se ven . . .

9. El puente romano se ve...
10. El sábado por la noche, la Plaza Mayor...

**VIII.** *Aprender de memoria.*
REFRÁN:
Dime con quien andas, te diré quien eres.
(Show me your company and I'll tell you what you are.)
ADIVINANZA:
Pequeña es y sin hueso, pero domina al hombre sin seso.
(La lengua)

Una tuna salamantina

# 9

# *Extremadura*

Extremadura, the region which supplied Spain with its adventurers, conquerors, and explorers, is in the southwestern part of the country separated from Portugal by the Guadiana River. A land of extremes, much of it is rocky and barren, yet sections produce some of the finest cork and olives in Spain. Its extremes of temperature are well known. The intense heat of the typical summer mid-day makes any effort almost impossible. The winters are bitterly cold, yet for centuries the land was a haven for shepherds who brought their flocks down to graze on its rocky fields or extremos.

Like other regions of Spain, Extremadura has undergone changes caused by succeeding waves of invaders—the Romans, the tribes from the north, the Visigoths, and the Moors. Little remains of Visigothic and Moorish domination. There are, however, many fine examples of Rome's supremacy, notably in the city of Mérida, called the Spanish Rome, which preserves among its monuments an amphitheater with a capacity for 5,500 people, still used annually to present classical works.

The region is rich in folklore. Its festive and market days are occasions for the display of the traditional costumes said to be

Mujeres de Montehermoso

*among the most authentic in Spain. In many villages the custom of wearing the* traje típico *persists and the women, particularly those of Montehermoso, are a vivid and enchanting sight on market days in Plascencia.*

*In the past Extremadura has been beset by serious economic problems. The lack of rural electrification, inadequate transportation facilities, poor roads, and a scanty rainfall have hampered the development of the region and caused a serious loss of population to other centers of Spain and even to foreign countries. The Badajoz Plan, instituted by the Government in 1952, was specifically designed to aid in the development of the region through irrigation and the encouragement of industry.*

La Biblia Poliglota Complutense

Extremadura, tierra de extremos, es una región situada en el suroeste de España. Se llama tierra de extremos por ser el lugar donde los pastores llevaban su ganado en el invierno para pastar. En la primera mitad del siglo VIII cayó en poder de los moros, cuyo dominio tuvo fin en el siglo XIII cuando fue ganada la región por los españoles bajo el mando de Alfonso IX. Hoy Extremadura está dividida en las dos provincias de Cáceres y Badajoz. De estas provincias han salido los exploradores más ilustres de España, hombres de incomparable valor que hicieron de España una potencia colonial en el Nuevo Mundo.[1]

Se les atribuye a los extremeños un carácter aventurero y serio. Sus cualidades físicas son la fortaleza y la resistencia a las inclemencias del tiempo. Con justicia ha sido llamada la región la tierra de guerreros, conquistadores y humanistas. En Extremadura nacieron Hernán Cortés, conquistador de México; Vasco Núñez de Balboa, descubridor del Pacífico; Pedro de Valdivia, conquistador de Chile; y Hernando de Soto, descubridor del Misisipí. De Extremadura también son Francisco de Pizarro, conquistador del Perú, y Francisco de Orellana, primer hombre que vio el Amazonas. Entre los humanistas destacan Benito Arias Montano, a quien se debe la segunda Biblia Poliglota,[2] y Francisco Sánchez de las Brozas (el Brocense) que publicó tratados de gramática griega y latina y traducciones de poesías escritas en estas lenguas. El poeta romántico José de Espronceda y el artista Francisco de Zurbarán, pintor de cuadros religiosos, nacieron en Extremadura.

---

[1]The period from 1492, when America was discovered, until the middle of the seventeenth century was known as the Golden Age. The power of Spain extended not only to immense parts of the New World which had been brought under Spanish domination by her conquerers, but also to the Philippine Islands, first visited by the Portuguese explorer Magellan (Fernando de Magallanes, 1480?–1521) who was in the service of Emperor Charles V. Spain's explorers brought back great wealth from conquered lands in both North and South America—much of it in gold. During this period art and literature flourished. The defeat of the Spanish Armada (1588) followed by costly wars resulted in the loss of Spanish territories and the decline of Spain's prestige.

[2]A polyglot Bible is one containing the same texts in several languages. The texts of the first Polyglot Bible in Spain (*Biblia Poliglota Complutense*, 1514–1517) were in Greek, Latin, Hebrew and Chaldean. The translation was sponsored by Cardinal Cisneros, founder of the University of Alcalá de Henares which was later moved to Madrid and became the University of Madrid. The word *complutense* is derived from *Complutum*, the ancient name of Alcalá de Henares. Benito Arias Montano was charged by Philip II to undertake the translation of the second polyglot Bible which was published in Antwerp from 1569 to 1572.

También en Extremadura se encuentran unos restos de las dominaciones visigodas y árabes, pero son más notables los monumentos romanos. Los de Mérida, la antigua Emérita Augusta, llamada por muchos la Roma española, son los más famosos. Hay en esta ciudad, a orillas del Río Guadiana, un gran número de recuerdos de la época romana: el teatro romano, el más completo que se conserva en España, donde en junio de cada año se representan obras clásicas; un acueducto, hoy en ruinas, y al norte, el único circo romano de España. Se destacan en la provincia de Cáceres las Cuevas de Maltravieso con pinturas en sus paredes y restos fósiles en su interior, y el Santuario de Nuestra Señora de Guadalupe, construido por obreros moros convertidos al cristianismo. Esta maravillosa muestra de arte mudéjar guarda tesoros de mucho valor y contiene uno de los más importantes museos de vestiduras religiosas que existe en España. También en Cáceres se encuentra el famoso monasterio de Yuste donde se retiró el emperador Carlos I en los últimos años de su vida. El puente de Alcántara, terminado en el año 104 y dedicado al emperador Trajano, sigue sirviendo al pueblo.

El viajero encuentra en Extremadura abundante material folklórico, sobre todo en el norte donde se celebran carnavales antes de la Cuaresma y fiestas en Navidad. Los bailes populares son el fandango, la jota y las sevillanas. En algunos pueblos el carnaval conserva su antigua barbarie, como echar a los transeúntes puñados de aserrín o cenizas, pero en general las fiestas religiosas se celebran como en el resto de España con funciones de iglesia, verbenas y romerías, siendo las más solemnes las del santo patrón del lugar.

Extremadura es la región que quizás mejor conserva el

traje típico. En algunos pueblos se usa en la vida diaria. El de Montehermoso (Cáceres) es el más bonito. En los días de mercado o de fiesta se ven en Plascencia mujeres llevando grandes sombreros de paja adornados con cintas y espejitos, pañuelos de seda en la cabeza, faldas anchas de todos colores. Son las mujeres de Montehermoso donde se conserva la costumbre de llevar el traje típico todos los días.

Hoy Extremadura es quizás la región más atrasada de España no sólo por su situación apartada del resto del país, sino por la emigración y la falta de comunicaciones. En 1952 el gobierno inició el Plan de Badajoz para la rehabilitación de la región. El proyecto permitirá la industrialización y electrificación de esta parte de España.

Un pueblo nuevo

Un conquistador

# Ejercicios

I. *Contestar en oraciones completas.*
1. ¿Por qué se le daba el nombre de "tierra de los extremos" a Extremadura?
2. ¿Cuáles son las provincias de esta región?
3. ¿Cuáles son las características del hombre extremeño?
4. Menciónense tres o cuatro extremeños ilustres. ¿Qué contribuyeron estos hombres a la historia de España?
5. ¿Cuál era el nombre de Mérida en tiempo de los romanos? ¿A orillas de qué río está situada?
6. ¿Qué contienen las Cuevas de Maltravieso? Mencione otra cueva importante de España. ¿Dónde está situada?
7. ¿Por qué es famoso el monasterio de Yuste?
8. ¿Cuáles son los bailes populares de Extremadura?
9. ¿Cómo se celebran las fiestas religiosas en Extremadura?
10. ¿En qué pueblo se usa el traje típico todos los días? ¿Cómo es el traje de las mujeres?
11. ¿Por qué es Extremadura la región más atrasada de España?
12. ¿Qué es el Plan de Badajoz?

**II.** *Dar un antónimo de las siguientes palabras.*

1. oeste
2. nacer
3. tierra
4. salir
5. invierno
6. muchos
7. interior
8. antiguo

**III.** *Contestar* **sí** *o* **no** *a las siguientes oraciones y dar la razón por su respuesta.*

1. Los pastores llevaban su ganado a Extremadura en verano.
2. Extremadura cayó en poder de los moros en el siglo XIII.
3. Los escritores extremeños hicieron de España una potencia colonial en el Nuevo Mundo.
4. Hernán Cortés y Francisco de Zurbarán son conquistadores españoles.
5. En Extremadura hay muchos recuerdos de las dominaciones visigoda y árabe.
6. El teatro romano de Mérida se usa actualmente.
7. Carlos I pasó la mayor parte de su vida en el Monasterio de Yuste.
8. En Extremadura las fiestas religiosas se celebran como en el resto de España.
9. El traje típico más bonito de Extremadura es el de Plascencia.
10. El Plan de Badajoz permitirá más fiestas en la región.

**IV.** *Dar el plural y el artículo definido que corresponde.*

1. pintor
2. región
3. pared
4. función
5. carnaval
6. emigración
7. descubridor
8. costumbre

**V.** *Llenar los espacios en blanco con la palabra o frase que mejor complete el sentido de la oración.*
1. Extremadura está situada en el ____ de España.
   (norte; suroeste; sur)
2. Hoy Extremadura está dividida en ____ provincias.
   (dos; tres; cuatro)
3. Los exploradores hicieron de Extremadura una potencia ____.
   (cultural; industrial; colonial)
4. José de Espronceda es un ____ extremeño.
   (artista; guerrero; poeta)
5. La ciudad de Mérida está a orillas del río ____.
   (Guadalquivir; Ebro; Guadiana)
6. En las Cuevas de Maltravieso hay ____.
   (pinturas en las paredes; estatuas romanas; vestiduras religiosas)
7. En Extremadura se conserva ____.
   (el traje típico; estatuas romanas; muchos restos visigodos)
8. Las mujeres de Montehermoso llevan el traje típico ____.
   (durante la Cuaresma; en las fiestas de Navidad; todos los días)
9. Las faldas de los trajes son ____.
   (blancas; amarillas; de todos colores)
10. El Plan de Badajoz fue iniciado por ____.
    (la provincia; Badajoz; el gobierno)

**VI.** *Buscar en el mapa.*
1. La provincia y ciudad de Badajoz.
2. La provincia y ciudad de Cáceres.
3. El río Guadiana.
4. Mérida.
5. Plascencia.

**VII.** *Escoger la palabra que mejor complete el sentido de las oraciones siguientes.*

1. Un lugar o edificio donde se representan obras dramáticas es . . .
2. Un guerrero es . . .
3. Un edificio donde habitan religiosos es . . .
4. Un objeto de gran valor es . . .
5. Una construcción que conduce el agua a una ciudad es . . .
6. El lugar donde se guardan objetos preciosos, pinturas, estatuas, etc., es . . .
7. Lo que queda después de quemar el carbón se llama . . .
8. Un período de doce meses es . . .
9. La jota es . . .
10. Un santuario es . . .

1. ceniza
2. un acueducto
3. una iglesia
4. un museo
5. un monasterio
6. un baile
7. un soldado
8. un tesoro
9. un año
10. un teatro

**VIII.** *Aprender de memoria.*

REFRÁN:
   Quien no se atreve no pasa la mar.
   (Nothing ventured, nothing gained.)

PROVERBIO:
   Piedra movidiza, nunca moho la cobija.
   (A rolling stone gathers no moss.)

# *Mosaico español*

# 10

## a. RASGOS

Cada región de España tiene sus características especiales y los habitantes de cada una de ellas presentan rasgos que los diferencian de sus vecinos. Estas diferencias han pasado
5 a la literatura. Así se dice del gallego que es trabajador, el asturiano astuto, el aragonés firme en sus opiniones. El vasco se representa como amante de la buena mesa y el catalán como el menos español de los españoles. Se dice del castellano que es austero y místico con excepción del
10 madrileño que es lleno de vida y amigo del chiste. Al

Los Seises de la Catedral de Sevilla

andaluz se le llama simpático, ocurrente y exagerado. Ningún español es puntual. Le es más importante disfrutar del momento, que acudir a una cita a la hora convenida.

Todavía quedan en España los tipos pintorescos como el sereno a quien hay que avisar en la noche con palmadas que abra las puertas; el limpiabotas que es el filósofo del pueblo dispuesto a hablar y a escuchar; el guardia civil, es decir, los guardias civiles[1] porque siempre van en parejas, que imponen orden en los caminos; el vendedor ambulante de hojas de afeitar y corbatas; y la vendedora de billetes de lotería. Todos ellos constituyen una pequeña parte del mosaico español.

En este mosaico no podemos olvidar las fiestas típicas. Abundan los días de fiesta de carácter religioso y nacional. Cada pueblo tiene su santo patrón en quien pone su fe. El día del santo se celebra con misa, romerías y verbenas. La Semana Santa, menos el Viernes Santo, tiene más elementos de fiesta que de duelo. El Viernes Santo es un día de devoción y escenas conmovedoras, día en que se oye la saeta,[2] una canción breve y emocionante que corta el silencio como una flecha. En Pamplona se celebra el día de San Fermín, su santo patrón, con el "encierro" en que los jóvenes muestran su valor corriendo por las calles delante de los toros sueltos. El Día de los Reyes Magos,[3] que ocurre doce días después de la Navidad, es día de

---

[1] **guardia civil** A semi-military armed police force, instituted in the year 1833, to control banditry on the highways and preserve order in the rural areas of Spain.
[2] **saeta** A brief, extemporaneous song of a religious character sung during processions, particularly those of the Holy Week in southern Spain.
[3] **los Reyes Magos** *The Three Wise Men* whose feast day is celebrated on January 6th. It is on this day that the children of Spain and other parts of the Hispanic World receive their Christmas presents.

fiesta para los niños. Es el día en que reciben sus regalos de Navidad. Una de las fiestas más importantes de carácter nacional es el Dos de Mayo[4] que celebra el levantamiento de los madrileños contra los franceses. Se celebra primero con misa, como todas las fiestas, y después con un desfile y música, y el público deja coronas de flores en el monumento dedicado a las víctimas del levantamiento.

[4]**el Dos de Mayo** This day, commemorating the uprising of the citizens of Madrid against French occupation, has been immortalized by the Spanish artist Francisco de Goya y Lucientes (1746–1828) in a series of powerful etchings entitled *Los desastres de la guerra* (Disasters of War) which he executed between 1810–1814.

Se celebra el día de San Fermín con el encierro.

# *Ejercicios*

**I.** *Contestar en oraciones completas.*
  1. Mencionar algunos tipos pintorescos que todavía quedan en España.
  2. ¿Cuál es el deber de los guardias civiles?
  3. ¿Qué clases de fiestas hay en España?
  4. Mencionar algunas fiestas religiosas y describir como se celebran.
  5. ¿En qué día reciben regalos los niños?
  6. ¿Qué es el Dos de Mayo y cómo se celebra?

**II.** *Completar las siguientes oraciones.*

  1. Un limpiabotas es un hombre que . . .
  2. El hombre que de noche abre las puertas es . . .
  3. El día de San Fermín se celebra con . . .
  4. . . . es una canción breve y emocionante que se canta en algunas fiestas.
  5. El Día de los Reyes Magos es día de fiesta para . . .
  6. Los guardias civiles siempre van . . .

  1. la saeta
  2. el encierro
  3. el sereno
  4. limpia los zapatos
  5. en parejas
  6. los niños

**III.** *Llenar los espacios en blanco.*
  1. Cada región ____ España tiene sus características especiales.
     (de; en; por)

2. El aragonés es firme ____ sus opiniones.
   (de; por; en)
3. Al español no le es importante acudir ____ una cita a la hora convenida.
   (por; en; a)
4. El madrileño es amigo ____ chiste.
   (del; al; por)
5. Los guardias civiles imponen orden ____ los caminos.
   (por; de; en)
6. En España los niños reciben sus regalos ____ Navidad el Día de los Reyes Magos.
   (para; de; por)

**IV.** *Buscar en el mapa.*
1. Pamplona
2. Madrid
3. Galicia
4. Aragón
5. Asturias

**V.** *Escoger la palabra que no pertenece al grupo.*
1. gallego / aragonés / saeta / catalán.
2. sereno / limpiabotas / vendedor / ocurrente.
3. misa / iglesia / cita / santo.
4. fiesta / romería / verbena / monumento.
5. Día de San Fermín / Día de los Reyes Magos / Viernes Santo / Dos de Mayo.

**VI.** *Expresar el plural con el artículo definido de las siguientes palabras.*
1. trabajador
2. andaluz
3. desfile
4. chiste
5. catalán
6. viernes

**VII.** *Expresar el infinitivo de las siguientes palabras.*
1. diferencia
2. amante
3. lleno
4. levantamiento
5. trabajador

**VIII.** *Aprender de memoria.*

REFRÁN:
La corriente silenciosa es la más peligrosa.
(Still waters run deep.)

PROVERBIO:
Quien busca, halla.
(Seek and ye shall find.)

ADIVINANZA:
Tamaño como una cazuela,
Tiene alas y no vuela.
(El sombrero)

Carro de una romería

Cada región tiene su plato típico.

# b. ASÍ COMEN LOS ESPAÑOLES

*The cooking of Spain has been greatly influenced by its invaders and explorers. The olive groves that dot the country-side of Spain were first planted by the Phoenicians, and the Romans utilized the olive oil in cooking. The Moors introduced saffron so indispensable in the* paella valenciana, *and almonds, oranges and lemons. From the New World the explorers and conquerors brought back tomatoes, chocolate, and potatoes. Rice, the staple food of the eastern part of Spain and indeed widely used throughout the country, is believed to have been introduced by the Moors.*

*While each region of Spain has its typical dishes the best known are the* gazpacho, *a cooling and nourishing vegetable mixture inherited from the Moors of Andalucía, the* fabada *of Asturias, the* cocido *said to be of Jewish origin, the* paella *and the* pote gallego. *Perhaps the best known among the many Spanish dishes is the* paella valenciana *whose basic ingredients are rice, chicken and seafood.*

La gente va a casa a comer.

La cocina de España es tan variada como su clima y sus regiones. El mapa del país se podría dividir en cinco zonas gastronómicas: la zona de los fritos en el sur; la de los asados en el centro; en el norte, la zona de los potajes; en el noreste la de los pescados; y en el sureste la zona de los arroces. Cada región tiene su plato típico. Son famosas la paella valenciana hecha a base de arroz, pollo y mariscos, y la fabada asturiana, un plato fuerte de judías y carne. El característico gazpacho de Andalucía, que es a la vez una bebida y un alimento, se ha convertido en plato universal. La zarzuela de pescados es un plato típico de Cataluña. El pisto manchego, hecho de calabacines y tomates, y el pote gallego a base de carne y legumbres, son platos favoritos en España y en todas partes donde se consigue una comida española. No hay comida que no termina con postres de los que hay una gran variedad en España, entre ellos las natillas y el flan.

Los españoles disfrutan de esta buena mesa. La mayoría de ellos comen de una manera pausada y casi nunca en silencio. Comen con la familia o con los amigos disfrutando tanto de la conversación como de la comida. El español desayuna ligero. Toma solamente una taza de café con leche o solo, y un panecillo. Antes se bebía mucho el chocolate, pero hoy ha sido desplazado por el café. La comida fuerte es el almuerzo que se toma de la una a las tres de la tarde, y que gira en torno al cocido, un plato fuerte que consiste en caldo, carne, pollo, garbanzos y verduras cocidos en un solo puchero y servidos por separado. Las oficinas y las tiendas, menos las farmacias, cierran y la gente va a casa a comer y algunos a dormir la siesta. Otra comida ligera que toman los españoles por la tarde en los cafés y las tascas, entre las seis y las ocho, es la merienda. Consiste en una bebida, un bocadillo, o unas "tapas" para "picar." A veces se pica demasiado, pues hay una gran variedad de tapas en España. La cena es la última comida del día español. Más ligera que la comida del mediodía, se toma a eso de las diez de la noche después del teatro o antes de acostarse.

Así comen los españoles, sin prisas, con la familia o amigos, disfrutando de la buena mesa. El sentarse a la mesa es un pretexto para hablar, hacer tertulia, cambiar ideas.

# *Ejercicios*

**I.** *Contestar en oraciones completas.*
1. ¿En cuántas zonas gastronómicas se podría dividir el mapa de España? Mencione algunas.
2. ¿Cuál es el plato típico de Valencia? ¿En qué consiste?
3. Mencione algunos platos regionales de España.
4. ¿Qué toma el español en el desayuno? ¿Qué es café solo?
5. ¿Cuál es la comida fuerte del día español?
6. ¿En qué consiste el cocido? ¿Por lo general, cuándo se toma?
7. ¿A qué hora se toma la merienda? ¿A dónde van los españoles a esta hora?
8. ¿Cuál es la última comida del día español?

**II.** *Contestar* **sí** *o* **no** *a las siguientes oraciones y dar la razón por su respuesta.*
1. Los españoles siempre comen solos.
2. El flan es un plato fuerte.
3. El almuerzo se toma a las diez de la noche y es una comida ligera.
4. Las farmacias cierran de la una hasta las tres.
5. El pisto manchego se hace con leche.
6. La última comida del día es el desayuno.

**III.** *Escoger la palabra que no pertenece al grupo.*
1. pollo / carne / pescado / flan.
2. calabacines / tomates / garbanzos / bocadillos.
3. desayuno / almuerzo / merienda / gazpacho.
4. café / leche / chocolate / legumbres.
5. fritos / asados / potajes / bebida.

**IV.** *Expresar el singular con el artículo definido de cada palabra.*
1. arroces
2. postres
3. calabacines
4. legumbres
5. potajes
6. cafés

**V.** *Llenar los espacios en blanco.*
1. Los españoles disfrutan ____ de una buena mesa.
   (a; de; en)
2. El chocolate ha sido desplazado ____ el café.
   (para; de; por)
3. La zarzuela de pescados es un plato típico ____ Cataluña.
   (de; a; por)
4. El caldo, la carne y las verduras del cocido se sirven ____ separado.
   (al; por; para)
5. La merienda se toma ____ eso de las seis de la noche.
   (en; a; por)

**VI.** *Aprender de memoria.*
REFRÁN:
   Del dicho al hecho, hay gran trecho.
   (There's many a slip twixt the cup and the lip.)

PROVERBIO:
   Quien siembra vientos, recoge tempestades.
   (As ye sow, so shall ye reap.)

TRABALENGUAS:
   Erre con erre cigarro,
   erre con erre carril;
   rápido ruedan los carros,
   por los rieles del ferrocarril.

Una bota de vino

## c. LA BOTA

La bota es una pequeña bolsa de cuero que se usa para guardar el vino. Tiene, por lo general, la forma de una pera. La abertura se llama brocal y se pega a la boca separándose de ella, poco a poco, de modo que sale un chorro de vino desde donde llega el brazo extendido a la boca del bebedor. Beber el vino de la bota es un arte que dominan muchos españoles.

La bota se ve en todas partes de España: en las corridas, en los partidos de fútbol, en los campos y en las ciudades. Es frecuente ver en España al pastor de ovejas con sus tres compañeros inseparables: la vara, el perro, y la bota. La vida del pastor es dura y solitaria. Su comida consiste en pan y queso. Además de bebida, el vino le sirve de alimento y calor especialmente en invierno cuando pasa largas horas al aire libre cuidando sus ovejas. Igual que el pastor, el trabajador del campo lleva siempre la bota consigo. En lugar de agua toma vino que mata la sed y alivia el cansancio.

Se cuenta que en cierta ocasión, durante una corrida de toros, se vio un magnífico ejemplo de lo que es el arte de tomar vino de una bota. El torero había hecho una faena extraordinaria y había matado al toro de una estocada. Le concedieron dos orejas y empezó a pasear por el ruedo. Como siempre, los entusiasmados aficionados le tiraban sombreros, flores, mantillas y otros objetos, entre ellos una bota llena de vino.

El matador cogió la bota en el aire, la destapó y comenzó a beber de ella el vino. Continuó su paseo por el ruedo sin dejar de tomar un solo instante y sin que una sola gota de vino cayera al suelo. Extendido su brazo, salía el vino desde la boca de la bota hasta la boca del torero. Los entusiasmados espectadores miraban fascinados el chorro de líquido rojo, olvidados de la lidia, aplaudiendo ahora al artista de la bota.

# *Ejercicios*

**I.** *Contestar en oraciones completas.*
   1. ¿Qué es una bota? ¿Qué forma tiene?
   2. ¿Dónde se ve la bota?
   3. ¿Cuáles son los compañeros inseparables del pastor?
   4. ¿Cómo es la vida del pastor?
   5. ¿En qué consiste su comida? ¿Por qué toma vino?
   6. Cuente lo que pasó durante una corrida.

**II.** *Llenar los espacios en blanco.*
   1. La abertura de la bota se pega ____ la boca.
      (de; en; a)
   2. Un chorro de vino sale de la bota ____ la boca del bebedor.
      (por; en; a)
   3. El pastor pasa largas horas ____ aire libre.
      (en el; del; al)
   4. El matador cogió la bota ____ el aire.
      (al; por; en)
   5. El matador continuó su paseo ____ el ruedo.
      (para; por; de)

**III.** *Contestar* **sí** *o* **no** *a las siguientes oraciones y dar la razón por su respuesta.*
   1. La bota se usa para llevar la comida.
   2. La persona que cuida las ovejas se llama el matador.
   3. La bota nunca se ve en los campos.
   4. La vida del pastor es muy dura.
   5. Los espectadores aplaudieron al torero.

**IV.** *Aprender de memoria.*

REFRÁN:
A caballo regalado, no hay que mirarle el diente.
(Don't look a gift horse in the mouth.)

PROVERBIO:
Hombre prevenido vale por dos.
(An ounce of prevention is worth a pound of cure.)

La vida del pastor es dura y solitaria.

La corrida de toros es más que un deporte

# 11
## LOS TOROS

El héroe nacional de España sigue siendo el torero, aunque no tanto como lo era antes. La corrida de toros es más que un deporte. Es un arte refinado, un espectáculo que revela las cualidades más íntimas del alma española: su profunda dignidad, su valor ante el peligro, y su indiferencia ante el dolor y la muerte. A la vez, es un espectáculo que para el extranjero puede resultar cruel.

En la corrida participan tres toreros encargados de matar seis toros. El torero viste un hermoso traje de luces y lleva, durante el desfile de la cuadrilla, una capa bordada en oro y plata que no usa para torear. Su equipo consiste en *la capa* de seda, roja por un lado y amarilla por el otro; *la muleta* (un paño atado a un palo con el cual provoca al toro), y la espada o *estoque* con la que da fin a la faena.

La escena de la corrida es *la plaza de toros*, un anfiteatro circular donde se enfrentan hombre y animal. La cerca roja donde se refugia el torero en los momentos de peligro se llama *barrera*. A los asientos para el público se les da el nombre de *sol* y *sombra*. Los donde da el sol son más baratos que los que están a la sombra.

La primera fase de la corrida es el desfile de la cuadrilla. Dos alguaciles a caballo, vestidos con trajes del siglo XVII salen primero, seguidos por la cuadrilla que se compone de los subordinados del matador. Entre ellos hay el mozo de estoques, que le ayuda a vestirse y se ocupa del equipo; dos picadores que desde sus caballos hieren al toro con unas lanzas largas terminadas en puntas metálicas para disminuir las fuerzas del animal; tres banderilleros con lanzas cortas o banderillas adornadas con papeles de colores, y los peones de brega que son los que primero provocan al toro con las capas.

Los alguaciles se dirigen al Presidente de la corrida para pedirle las llaves del toril o Portón de los Sustos por donde salen los toros. Empieza la corrida que se pudiera dividir en tres actos: la suerte de capa, la de banderillas, y finalmente, la suerte de muleta. Los peones de brega provocan al toro con sus capas para que el torero estudie sus movimientos. Después el torero ejecuta las suertes con su capa. La más popular es la verónica, donde el torero sujeta la capa con las manos y espera el avance del toro. Una vez que el matador termina las suertes de capa les llega el turno a los picadores.

La lidia de un toro dura quince minutos. La primera parte corresponde a los picadores. Cuando el toro se lanza contra el caballo, los picadores hacen el quite, es decir, defienden al caballo del ataque del toro. Si el toro embiste al caballo, se le condena a banderillas negras, que tienen puntas largas.

Cuando los picadores han disminuido los bríos del toro, entran los banderilleros para la suerte de banderillas. En esta segunda parte excitan al animal con banderillas terminadas en garfios metálicos que clavan en el lomo del toro, preparándolo para la faena o parte final.

En la suerte de muleta, la tercera parte de la corrida, el torero es el dueño absoluto del campo. Se dirige a la Presidencia y dedica el toro al propio Presidente, a algún visitante distinguido, o al público. Recibe del mozo de estoques la muleta, la espada o estoque y la gorra que llaman la montera. Cuando dedica el toro al público deja la montera en el ruedo. De lo contrario la tira al personaje a quien dedica el toro.

El torero hace entonces una serie de *pases* con la muleta. Se llaman *pases* porque provocan al toro que pasa junto al torero sin que éste le clave la espada. Llega el "momento de la verdad," el punto de matar al animal, y un buen torero despacha al animal de una estocada.

Cuando el torero ha hecho una buena labor el público aplaude estrépitosamente y agita pañuelos blancos. El Presidente le da una o dos orejas y el rabo. Con estos

Un arte refinado

trofeos pasea el héroe por el ruedo y el entusiasmado público le arroja botas de vino, sombreros, zapatos, mantillas y otros objetos.

75 Hay momentos inolvidables en este espectáculo a la vez refinado y cruel: la música, el desfile, la alegría de los espectadores mezclada con el miedo, el olé de la gente entusiasmada, el agitar de los pañuelos blancos y los piropos de la mujeres que llevan sus mejores galas.

Una plaza de toros

# *Ejercicios*

**I.** *Contestar en oraciones completas.*
  1. ¿Qué revela la corrida de toros?
  2. ¿Cuántos toreros participan en una corrida? ¿Cuántos toros?
  3. ¿Cómo se llama el traje del torero? ¿En qué consiste su equipo?
  4. ¿Cuál es el nombre del lugar dónde se enfrentan hombre y animal? ¿Dónde se refugia el torero en los momentos de peligro?
  5. ¿De qué se compone la cuadrilla?

6. ¿En cuántos actos se pudiera dividir una corrida? ¿Cuánto tiempo dura la lidia de un toro?
7. ¿Qué hace el torero antes de empezar la tercera parte de la corrida? ¿Cómo se llama esta parte?
8. ¿Qué es el "momento de la verdad"?
9. ¿Qué hace el Presidente de la corrida cuando el torero ha hecho una buena labor?
10. Mencione algunos momentos inolvidables de una buena corrida.

II. *Buscar en el texto diez palabras que se parecen a palabras inglesas.*

**III.** *Dar el artículo definido de cada palabra.*
1. deporte
2. suerte
3. visitante
4. ataque
5. alma
6. dolor
7. valor
8. luces
9. fase
10. labor
11. desfile
12. llave

**IV.** *Completar las siguientes oraciones.*
1. La muleta es ...
2. La primera fase de la corrida consiste en ...
3. La cuadrilla se compone de ...
4. Los peones de brega son los que ...
5. Los toros salen por ...
6. El torero dedica el toro al ...
7. Para un extranjero la corrida ...
8. El torero es dueño absoluto en ...
9. Cuando el torero ha hecho una buena labor el público ...
10. En el "momento de la verdad" un buen torero despacha al toro ...

**V.** *Dar un sinónimo de cada palabra.*
1. arrojar
2. seguir
3. vestir
4. montera
5. estoque
6. revelar
7. dar fin
8. el público

**VI.** *Llenar los espacios en blanco.*
1. La corrida de toros puede resultar cruel ____ el extranjero.
   (por; para; a)
2. El equipo del torero consiste ____ la capa, la muleta, y el estoque.
   (de; por; en)
3. En el desfile dos alguaciles ____ caballo salen primero.
   (a; en; sobre)

4. El mozo de estoques se ocupa ___ equipo del torero.
   (por; con el; del)
5. Le ayuda ___ vestirse.
   (a; de; en)
6. Los mozos de brega provocan al toro ___ que el torero estudie sus movimientos.
   (por; para; de)
7. El buen torero despacha al animal ___ una estocada.
   (con; en; de)
8. El torero pasea ___ el ruedo con los trofeos.
   (en; por; con)
9. La corrida revela la indiferencia del español ___ el dolor.
   (antes; delante; ante)
10. Los toros salen ___ el Portón de los Sustos.
    (ante; para; por)

**VII.** *Aprender de memoria.*

REFRÁN:
   Aunque la mona se vista de seda, mona se queda.
   (Dress a monkey as you will, it remains a monkey still.)

PROVERBIO:
   Al buen entendedor, pocas palabras.
   (A word to the wise is sufficient).

# 12

## a. LA LOTERÍA

La lotería, tal como la conocemos hoy, parece haber nacido en Génova. En España se estableció durante el reinado de Carlos III[1] en 1763 y fue obra de su ministro de Hacienda, el marqués de Esquilache.[2] Los fondos de las loterías se destinan a la beneficencia pública.

La lotería española consiste en números que se dividen en fracciones y participaciones. El número entero cuesta, como mínimo, quinientas pesetas, según el sorteo. Las participaciones, según el valor del premio entero, pueden

---

[1]**Carlos III** (1716–1788) He had been king of Naples for fifteen years when his brother Ferdinand VI died in 1759. He abandoned his kingdom to take the throne of Spain bringing with him many Italian ministers. He instituted many reforms in the cities, encouraged the development of industry and commerce, and founded many military academies.

[2]**Esquilache, Leopoldo Gregorio, marqués de Esquilache** The marquis of Esquilache was one of the ministers brought to Spain by Carlos III. At first a highly successful adviser to the king, he incurred the enmity of the people by some reforms in dress, among them the law against the cape and the *chambergo* (a broad-brimmed hat). The law was promulgated to do away with the custom among Spanish men of muffling their faces (*embozarse*) making it difficult for officers of the law to distinguish criminals from law-abiding citizens. Though the law was intended to reduce crime, the Spaniards rebelled against this invasion of their privacy and Carlos was forced to replace Esquilache.

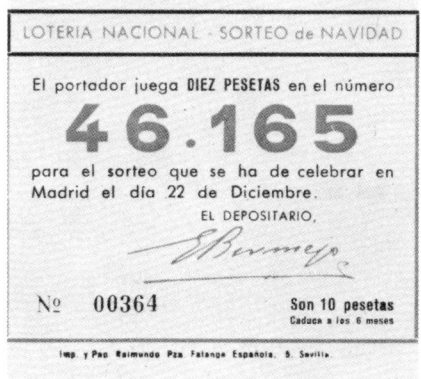

costar hasta una sola peseta. Por eso todo el mundo, ricos y pobres, jóvenes y viejos, juega a la lotería. Puede haber hasta tres sorteos al mes y muchos tienen carácter especial. Entre éstos hay la lotería de Navidad o lotería navideña,
15 que es la más grande y popular del año y cuyo premio gordo

vale unos millones de pesetas. En esta lotería, que se celebra siempre el 22 de diciembre, juegan casi todos los españoles con la esperanza de ganarse unos millones de pesetas. Hay además la lotería del Niño en enero y las loterías de los ciegos. Todos revelan el anhelo español de correr tras la fortuna, el mismo anhelo español que le ha dado al mundo los más intrépidos exploradores y conquistadores.

Para el español la lotería, que está bajo la dirección del Ministerio de Hacienda, no es un vicio sino una tradición que se respeta como las otras tradiciones españolas. Muchos creen que uno de los beneficios de la lotería ha sido el de haber eliminado la mendicidad, pues en España casi nunca se ven mendigos en las calles—solamente una que otra gitana pidiendo por los alrededores de los hoteles y restaurantes de lujo, aunque esto está fuera de la ley. Los que venden billetes de lotería son ciegos o inválidos que no pueden trabajar.

# *Ejercicios*

I. *Contestar en oraciones completas.*
   1. ¿Quién estableció la lotería en España?
   2. ¿Quienes juegan a la lotería en España?
   3. ¿Cuál es la lotería más popular de España? ¿Cuándo se juega?
   4. ¿Cómo se llama el premio más grande?
   5. ¿Hay otras loterías? Mencione una.
   6. ¿Quiénes venden los billetes de lotería?

**II.** *Escoger la palabra que no pertenece al grupo.*
   1. lotería / sorteo / premio / esperanza.
   2. obra / trabajo / proyecto / beneficencia.
   3. diciembre / enero / julio / viernes.
   4. dinero / peseta / moneda / anhelo.
   5. explorador / conquistador / aventurero / marqués.

**III.** *Llenar los espacios en blanco.*
   1. El marqués de Esquilache era . . .
      (un explorador; un ministro; un torero)
   2. Los fondos de las loterías se destinan . . .
      (al gobierno; al Ministerio de Hacienda; a la beneficencia pública)
   3. En España puede haber . . . sorteos al mes.
      (dos; tres; veintidós)
   4. La lotería está bajo la dirección de . . .
      (el marqués de Esquilache; el gobierno; los inválidos)
   5. Los españoles consideran la lotería . . .
      (un vicio; un juego; una tradición)

**IV.** *Aprender de memoria.*
   REFRÁN:
   Más vale pájaro en mano, que ciento volando.
   (A bird in hand is worth two in the bush.)

   PROVERBIO:
   Por un clavo se perdió una herradura.
   (For want of a nail, a shoe was lost.)

En una sala de estudio

## b. LA ENSEÑANZA POR RADIO

En el año 1963 se introdujo en España una innovación revolucionaria en la instrucción pública. El Ministerio de Educación Nacional puso en vigor un sistema nuevo de obtener el grado del bachillerato por radio que había sido recomendado por el Centro de Enseñanza por Radio y Televisión. El proyecto se anunció por medio de la radio, la televisión y la prensa.

Hoy día la instrucción pública no termina, como en el pasado, con la enseñanza primaria. La terminación del

bachillerato se ha convertido en una necesidad a causa del progreso técnico que ha elevado el nivel de la vida española. El sistema de obtener el bachillerato por radio obedece a esta necesidad cultural. En 1953 el gobierno,
15 con el deseo de que el bachillerato llegara a todos los españoles, promulgó la Ley de Ordenación de la Enseñanza Media. Se establecieron instituciones de enseñanza, escuelas nocturnas y colegios libres. Aun con este aumento de centros de instrucción pública, las institu-
20 ciones no eran suficientes y un gran número de estudiantes pertenecía a un sistema de "enseñanza libre" que daba al

La Universidad Laboral de Córdoba

Una sala de clase

alumno el derecho de examinarse sin asistir a clases—un sistema común en los centros universitarios.

Enfrentado con el problema de educar la juventud española sin excluir a los adultos, el Ministerio de Educación Nacional decidió buscar una solución para asegurar que la instrucción llegara a todos. Se proyectó el plan del bachillerato radiofónico que usa la radio como medio de cultura. Profesores especializados redactan los guiones que se conforman con el cuestionario oficial del bachillerato. Los guiones son fáciles y llegan a manos del alumno con anticipación suficiente al día de la difusión. Estos guiones tienen tres objetivos: (1) el de organizar la lecciones; (2) el de servir de guía a los alumnos y profesores; y (3) el de servir como material de estudio y repaso para los alumnos.

Los españoles han aceptado este programa con entusiasmo. Profesores y figuras prestigiosas de la radio y televisión han cooperado en el éxito del bachillerato radiofónico. Maestras rurales han convertido sus casas en salas de clase para ayudar a los alumnos a resolver los ejercicios que escuchan por la radio. El pueblo español, especialmente en las regiones apartadas, ha obtenido muchos beneficios de este programa de instrucción radiofónica, porque es rara la familia que no tenga una pequeña radio a su disposición.

Ciudad Universitaria de Madrid

# *Ejercicios*

**I.** *Contestar en oraciones completas.*
1. ¿Qué innovación se introdujo en España en 1963?
2. ¿Cómo se anunció? ¿Quién la recomendó?
3. ¿Por qué se ha convertido en una necesidad la terminación del bachillerato?
4. ¿Por qué pertenecían a un sistema de enseñanza libre algunos estudiantes?
5. ¿Con qué problema se vio enfrentado el Ministerio de Educación Nacional?
6. ¿A qué se conforman los guiones para los estudiantes?
7. Mencione dos objetivos de estos guiones.
8. ¿Qué han hecho las maestras rurales?

**II.** *Dar un sinónimo de cada palabra.*
1. obtener
2. ayudar
3. proyecto
4. alumno
5. enseñanza
6. profesor
7. instituto de enseñanza
8. convertir

**III.** *Contestar* **sí** *o* **no** *a las siguientes oraciones y dar la razón por su respuesta.*
1. El sistema nuevo de obtener el bachillerato se anunció por medio de un libro.
2. En la enseñanza libre los estudiantes tienen que asistir a las clases.
3. El bachillerato radiofónico es para la juventud española.
4. El Ministerio de Educación Nacional redacta los guiones.
5. Los guiones llegan tarde a manos de los estudiantes.
6. Las regiones apartadas no participan en este programa de instrucción.

**IV.** *Expresar el infinitivo de las siguientes palabras.*
(EJEMPLO: proyecto—proyectar)
1. enseñanza
2. necesidad
3. estudiante
4. terminación
5. educación
6. deseo

Un policía de tránsito

## c. EL DISCO DE TRÁNSITO

Lo primero que necesita el turista en España, si es que viaja en coche, es un disco de tránsito. El disco, oficialmente llamado "disco de control," se emplea para evitar el estacionamiento indebido de un auto y es, al parecer, de 5 invención española.

Este disco es de papel grueso y consiste en dos cuadrados, uno encima del otro, separado por un círculo en el centro. Las tres partes están unidas por un anillo de bronce en que el estacionamiento o aparcamiento está regulado. El disco es de uso obligatorio y se coloca en el interior del coche en el parabrisas, visible del exterior. El conductor hace girar el disco hasta que la hora en que se aparca aparezca en la ventana que señala la hora de llegada. El policía de tránsito, o "guardia de la porra," puede ver desde la acera si el aparcamiento ha durado más de la cuenta.

El disco tiene dos lados, uno para la mañana y otro para la tarde y sólo se usa en las zonas azules, donde el estacionamiento está limitado. Hay zonas donde no se permite el estacionamiento y otras en que se permite de noche solamente. En algunas zonas se permite sólo en los días festivos.

Cuando el conductor incurre en falta, le ponen una multa en un boleto azul que señala la infracción. Algunos destruyen el boleto, pero el ayuntamiento tiene una lista de los boletos que dan. Si las personas que han recibido multas no las han pagado, los guardias que tienen esta lista, llaman a la grúa para que se lleve el coche a un lugar a 15 millas de la ciudad. Si el dueño quiere recobrar su coche, tiene que pagar todas las multas que debe.

El disco del tránsito es un amigo del hombre cuidadoso y un peligro para el turista que no conoce las leyes de tránsito.

# *Ejercicios*

**I.** *Contestar en oraciones completas.*
 1. ¿Qué necesita el turista en España si viaja en coche? ¿Por qué lo necesita?
 2. ¿En qué consiste?
 3. ¿Dónde se coloca? ¿Por qué?
 4. ¿Hay aparcamiento en todas las zonas? Explique.
 5. ¿Qué pasa cuándo el conductor incurre en falta?
 6. ¿Qué pasa cuándo un conductor no ha pagado todas las multas que debe?

**II.** *Dar un sinónimo de cada palabra.*
 1. coche
 2. lugar
 3. colocar
 4. permitir
 5. señalar
 6. emplear

**III.** *Llenar los espacios en blanco.*
 1. El disco del tránsito se llama oficialmente . . .
 2. Se emplea para evitar . . .
 3. El conductor de un coche señala . . .
 4. Al policía de tránsito lo llaman también . . .
 5. En algunas zonas el aparcamiento se permite sólo . . .
 6. Si el dueño de un coche quiere recobrarlo, . . .

**IV.** *Expresar el artículo definido de cada palabra.*
 1. coche
 2. conductor
 3. invención
 4. tarde
 5. policía
 6. parabrisas
 7. leyes
 8. papel

**V.** *Llenar los espacios en blanco.*
1. Si el turista viaja ____ coche, necesita un disco del tránsito.
2. El disco es ____ papel grueso.
3. El disco es ____ uso obligatorio.
4. Un lado del disco es ____ la mañana.
5. En algunas zonas el aparcamiento se permite ____ días festivos.

**VI.** *Aprender de memoria.*
REFRÁN:
No con quien naces, sino con quien paces.
(Birds of a feather flock together.)

PROVERBIO:
Quien calla, otorga.
(Silence gives consent.)

COPLA:
Quien espera, desespera;
Quien desespera, no alcanza;
Por eso es bueno esperar,
Y no perder la esperanza.

The vocabulary is intended as an aid to students in understanding the text. Omitted from it are articles, numerals, personal, demonstrative, and possessive pronouns, easily recognizable cognates except when used with special meanings, proper nouns, adverbs ending in *-mente* and adjectives in *-ísimo*. Gender of nouns is given only for words which are exceptions to rules. Idioms will be found under the first noun or, in the case of verbal idioms which have no nouns, under the first verb. With few exceptions, only the infinitive form of the verb appears.

The abbreviations used in this vocabulary are as follows:

| | | | |
|---|---|---|---|
| *adj.* | adjective | *mil.* | military |
| *adv.* | adverb | *n.* | noun |
| *coll.* | colloquial | *neut.* | neuter |
| *f.* | feminine | *pl.* | plural |
| *inf.* | infinitive | *p.p.* | past participle |
| *m.* | masculine | *pr. part.* | present participle |
| | *sing.* | singular | |

# Vocabulary

## A

**a** to, at
**abajo** down, below
**abdicar** to abdicate
**abertura** opening
**abierto** *p.p. of* **abrir** to open
**abundar** to abound
**acabar** to end, finish, complete
**acceso** access
**acentuado** accentuated
**aceptar** to accept
**acera** sidewalk
**acerca de** about, concerning
**acercarse** to approach, draw near
**acero** steel
**acomodado: bien acomodado** comfortable, well-to-do
**acostarse** to lie down; to go to bed
**acostumbrar** to accustom; **acostumbrarse a** to become accustomed to
**actriz** *f.* actress
**actual** present-day; **actualmente** at the present time
**acudir** to come
**acueducto** aqueduct
**acuerdo** agreement; **estar de acuerdo** to agree
**adelante** ahead, forward; **en (lo) adelante** henceforth, in the future
**adelanto** advance(ment)
**además** besides; **además de** in addition to, besides
**adivinanza** riddle
**admiración** wonder, surprise
**adonde** where; **¿adónde?** where?
**adoptar** to adopt
**adornar** to adorn, decorate
**adorno** decoration, ornament
**adquirir** to acquire
**aéreo** aerial
**afeitar** to shave
**aficionado** fan
**agitar** to shake, wave
**agradable** agreeable
**agradecido** grateful
**agradecimiento** thankfulness, gratefulness; **en agradecimiento** in gratitude
**agua** water
**agujero** hole
**ahí** there; **de ahí** hence, from then on
**ahora** now
**aire** *m.* air; **al aire libre** in the open air
**ala** wing
**alcanzar** to reach, attain
**alcázar** *m.* fortress, castle
**alegría** happiness, gaiety
**Alemania** Germany
**alfabeto** alphabet
**alguacil** *m.* bailiff, officer
**algún, -o, -a** some
**alimento** food, nourishment
**aliviar** to relieve, alleviate

**alma** soul
**almuerzo** lunch
**alrededor** around; **a su alrededor** around it; **en los alrededores** in the environs
**altar** *m.* altar; **Altar Mayor** Main Altar
**alumno** student
**allí** there
**amante** *m. & f.* lover; **amante de la buena mesa** fond of good food
**amarillento** yellow(ish)
**amarillo** yellow
**Amazonas** Amazon (*river*)
**ambiente** *m.* atmosphere
**amigo** friend; **amigo de** fond of
**ancho** wide
**Andaluz** Andalusian
**anfiteatro** amphitheater
**anhelo** longing, yearning
**anillo** ring
**animarse** to become enlivened, "perk up"
**ante** before, in the face of
**antes** before, formerly; **antes de** before
**anticipación** anticipation; **con anticipación a** in advance of
**antiguamente** formerly
**antigüedad** antiquity
**antiguo** ancient, old
**anunciar** to announce
**añadir** to add
**año** year
**aparcamiento** parking
**aparcar** to park
**aparecer** to appear
**aparición** appearance

**apariencia** appearance
**apartado** removed, remote
**apartamento** apartment
**apenas** scarcely, hardly
**aplaudir** to applaud
**apoderarse de** to seize
**apóstol** Apostle
**aprender** to learn
**apropiado** appropriate
**aprovechar** to make use of, take advantage of
**árabe** Arabic; *n.* Arab, Moor
**aragonés** Aragonese (*native of the province of Aragón*)
**arca** chest
**arco** arch
**armonía** harmony
**arqueológico** archeological
**arqueólogo** archeologist
**arquitecto** architect
**arquitectura** architecture
**arraigar** to establish; to take root
**arriba** up, above
**arroces** *m. pl. of* **arroz** rice
**arrojar** to throw
**artículo** article; **artículo definido** definite article
**arzobispo** archbishop
**asado: los asados** roasts
**ascensión** ascension; Ascension (*the ascending of Christ to Heaven forty days after His resurrection*)
**asedio** siege
**asegurar** to assure, guarantee
**aserrín** *m.* sawdust
**asesinar** to assassinate
**así** so, thus, in this way; **así es que** so it is
**asiento** seat

**asistir** to assist; **asistir a** to attend
**astilla** splinter
**astucia** astuteness
**asturiano** Asturian (*native of the province of Asturias*)
**Asunción** Assumption (*the taking of the Virgin Mary into Heaven. Commemorated on August 15th*)
**asunto** matter, affair
**atado** tied
**ataque** *m.* attack
**atrasado** backward
**atravesar** to cross
**atrever** to dare, venture
**atribuir** to attribute
**aumento** increase
**aun** still; even; **aún** still, yet
**aunque** although
**austero** austere, stern
**autobús** *m.* bus
**auxilio** help, aid
**avance** *m.* advance, attack
**avaricia** avarice, greed
**aventurero** adventurous; *m.* adventurer
**avisar** to notify; to warn
**ayuda** help, aid
**ayudar** to help, aid
**ayuntamiento** town hall; town *or* city government
**azul** blue

## B

**bachillerato** bachelor's degree
**baile** *m.* dance
**bajo** under
**bandera** banner
**banderillero** bullfighter (*who thrusts darts into neck or shoulders of the bull*)
**bañado** bathed
**baño** (*public*) bath
**barato** cheap
**barbarie** *f.* rough custom
**bárbaro** barbarian
**barrera** barrier
**base** *f.* basis; **a base de** on the basis of, consisting of
**bastar** to be enough
**batalla** battle
**bautismo** baptism
**bebedor** *m.* drinker
**beber** to drink
**bebida** beverage
**belleza** beauty; treasure
**bello** beautiful
**beneficencia pública** public welfare
**beneficio** benefit
**Biblia** Bible; **Biblia Poliglota** Polyglot Bible
**biblioteca** library
**bien** well
**billete** *m.* ticket
**bisonte** *m.* bison
**blanco** white
**bloque** *m.* block
**boca** mouth
**bocadillo** sandwich (*usually a stuffed roll*)
**boleto** ticket
**bolsa** bag
**bonito** pretty
**bordado** embroidered
**bota de vino** wine-skin
**bóveda** vault, dome
**brazo** arm
**breve** brief
**brillante** brilliant

**bríos** *m. pl.* spirit
**brocal** *m.* mouthpiece (*of wine-skin*)
**bronce** *m.* bronze
**busca** search; **en busca de** in search of
**buscar** to look for, seek
**busto** bust

## C

**caballero** gentleman; knight
**caballo** horse; **a caballo** on horseback
**cabecera** end (*of a building*)
**cabeza** head
**cabo: llevar a cabo** to carry out, accomplish
**cada** each
**caer** to fall
**café** *m.* coffee; café; **café solo** black coffee
**caída** fall
**calabacín** *m.* squash
**caldero** kettle
**caldo** broth
**caliza: piedra caliza** limestone
**calma** calm; **con calma** calmly
**calor** *m.* heat, warmth
**calzada** highway
**calle** *f.* street
**cambiar** to change, exchange
**camino** road
**campo** field, arena
**canción** *f.* song
**candelabro** candelabrum
**cansado** tired
**cansancio** fatigue
**cantar** to sing
**capa** cape

**capilla** chapel
**capital** *f.* capital (*city*)
**cara** face
**carácter** *m.* character; quality
**carbón** *m.* coal
**cargo: a cargo de** in charge of
**caridad** charity
**carnaval** *m.* carnival (*the festive season before Lent*)
**carne** *f.* meat
**carril** *m.* track, rut
**carro** (*railway*) car; cart
**cartaginés** Carthaginian
**casa** house
**casi** almost
**casita** little house
**caso** case
**castellano** Castilian, Spanish (*language*); native of Castile
**catalán** Catalan (*native of the province of Catalonia*)
**Cataluña** Catalonia (*province of eastern Spain*)
**catarata** cataract
**catedral** *f.* cathedral
**catolicismo** Catholicism
**católico** Catholic
**caudillo** chief, leader
**causa** cause; **a causa de** because of
**causar** to cause
**caverna** cavern
**caza** hunt, hunting
**cazuela** earthen casserole
**celda** cell
**celebrar** to celebrate, observe; **celebrarse** to be celebrated, take place; to observe (*a religious holiday*)
**célebre** celebrated, famous

**celtíbero** Celtiberian
**cena** supper
**ceniza** ash; ashes
**centro** center; division (*administrative office*)
**cerámica** ceramics
**cerca** *adv.* near; **cerca de** near; *f.* fence, wall
**cerezo** cherry
**cerrar** to close, shut down
**ciego** blind; **los ciegos** the blind
**cielo** sky, heaven
**científico** scientist
**cien, ciento** hundred
**cierva** hind (*female of the red deer*)
**cigarro** cigar
**cine** *m.* movies
**cinta** ribbon
**circo** amphitheater
**círculo** circle
**cita** appointment
**ciudad** *f.* city; **ciudad monumental** national monument
**claridad** clarity, clearness
**clase** *f.* class, kind
**clasificar** to classify
**clavar** to bury into, sink
**clavo** nail
**clérigo** cleric
**clima** climate
**cobijar** to cover
**cocer** to cook
**cocido** stew
**cocina** kitchen; cuisine
**coche** *m.* car, automobile
**código** code (*of laws*)
**coger** to catch, seize
**cohete** *m.* skyrocket
**colegio** school, academy
**colgar** to hang
**colocar** to place
**columna** column, pillar
**comenzar** to begin
**comer** to eat
**comerciar** to trade
**comida** meal, dinner; **comida fuerte** main meal
**como** as, like, how
**compañero** companion
**comparar** to compare
**completar** to complete
**componerse de** to be composed of
**comprar** to buy
**comprender** to understand; to comprise
**común** common
**con** with
**conceder** to concede; to grant
**concha** shell (*scallop shell*)
**conde** count
**condenar** to condemn
**conductor** *m.* driver
**conjunto** unit, group
**conmemorar** to commemorate
**conmovedor** moving, emotional
**conocer** to know
**conocimiento** knowledge
**conquistador** *m.* conqueror
**conquistar** to conquer; **conquistar a** to conquer from
**conseguir** to get, bring about; **conseguir** + *inf.* to succeed in
**consejero** adviser, councilor
**consistir** to consist; **consistir en** to consist of

**constituir** to constitute
**construir** to construct
**contar** to tell, relate; **sin contar** without counting, countless
**contemplar** to contemplate
**contener** to contain, hold
**contestar** to answer
**continuar** to continue
**continuo** continuous, continual
**contorno** outline
**contra** against
**contrario** contrary; **de lo contrario** otherwise
**contribuir** to contribute
**convenido** agreed upon, fixed
**convertir** to convert; **convertirse** to convert, become converted; **convertirse en** to become
**corbata** tie, necktie
**corona** crown; **corona de flores** wreath of flowers
**corrección** correctness, accuracy
**correr** to run; **correr tras** to pursue
**corresponder a** to belong to, concern
**corrida (de toros)** bullfight
**corriente** *f.* current, stream
**cortar** to cut
**cortejo** cortege, entourage
**cosa** thing; **¿qué cosa es?** what is (it)?
**costar** to cost
**costumbre** *f.* custom, habit
**creador** *m.* creator
**crear** to create
**creer** to think, believe

**Cristianismo** Christianity
**cristianizado** Christianized
**cristiano** Christian
**Cristo** Christ; **Cristo crucificado** Crucifix
**crucificado** crucified
**crueldad** cruelty
**cruz** *f.* cross
**cruzado** crossed
**cuadrado** square
**cuadrilla** squad, team (*of bullfighters*)
**cuadro** picture; painting
**cual** which; **¿cuál?** which?, which one?
**cualidad** quality, characteristic
**cuando** when; **¿cuándo?** when?
**cuanto: en cuanto a** as to, regarding
**Cuaresma** Lent
**cuenta: más de la cuenta** too long
**cuero** leather
**cuestionario** questionnaire
**cueva** cave
**cuidadoso** careful
**cuidar** to care for, watch over
**cumplir con** to fulfill
**cuna** cradle
**curar** to cure
**custodia** monstrance
**cuyo** whose

## Ch

**chiste** *m.* witticism
**chorro** stream
**churrigueresco** churrigueresque, elaborate

# D

**dama** lady
**dar** to give
**datar** to date; **datar de** to date from
**de** of
**debajo de** under
**deber** to owe; must; **deberse a** to be due to; *m.* duty
**decir** to say, tell; **es decir** that is to say
**declarar** to declare
**dedicar** to dedicate
**definido** definite
**dejar** to leave; to let, allow
**delante de** before, in front of
**demás** other, rest
**demasiado** too much
**demorar** to delay
**dentro de** within; **dentro de poco** in a short time
**deporte** *m.* sport
**derecho** law; right
**derrotar** to defeat
**desaparecer** to disappear
**desarrollarse** to develop, take place
**desarrollo** development
**desayunar** to breakfast, have breakfast
**descansar** to rest
**descender** to descend, go down
**descendiente** *m. & f.* descendant
**descifrar** to decipher
**descubridor** *m.* discoverer
**descubierto** discovered
**descubrir** to discover, find
**desde** since, from
**desesperar** to despair
**deseo** desire, wish
**desfile** *m.* parade
**despachar** to do away with, kill
**despertar** to awake(n)
**desplazar** to displace
**después (de)** after
**destacar** to stand out
**destapar** to uncork
**destinar** to destine, assign; **destinarse a** to assign to
**destronar** to dethrone, overthrow
**destructor** *m.* destroyer, conqueror
**destruir** to destroy
**detalle** *m.* detail
**detenerse** to stop
**detrás de** behind
**devoción** devotion, prayer
**día** *m.* day; **día de fiesta** holiday; **día de la Asunción** the Assumption; **día de los Reyes Magos** Epiphany, Twelfth Night (January 6); **días festivos** holidays; **todos los días** every day
**diario** daily; *m.* daily newspaper
**dibujo** drawing
**diciembre** December
**dicho** saying, pledge
**diente** *m.* tooth
**diferenciar** to differentiate, distinguish
**difusión** (*radio*) broadcast
**dignidad** dignity
**dinámico** dynamic, forceful
**dinero** money
**Dios** God

**dirigir** to direct, conduct; **dirigirse a** to go to, turn to; to address oneself to
**discípulo** student
**disco** disk; **disco de control** time-limit disk; **disco de tránsito** time wheel (*for parking*)
**disfrutar de** to enjoy
**disminuir** to lessen, decrease
**disponer** to dispose
**disposición** disposal
**dispuesto a** ready to
**disputar** to dispute, argue
**distinguido** distinguished
**dividirse** to divide
**doctor** *m.* doctor (*advanced academic degree*)
**dolor** *m.* pain
**dominar** to dominate, control; to handle
**domingo** Sunday; **Domingo de Ramos** Palm Sunday
**dominio** domination
**donde** where; **¿dónde?** where?
**dorado** gold, golden
**dormir** to sleep
**duelo** sorrow
**dueño** master; owner
**durante** during
**durar** to last
**duro** hard

# E

**e** and (*before words beginning with* **i** *or* **hi**)
**eclesiástico** ecclesiastical
**echar** to cast, throw
**edad** age; **Edad Media** Middle Ages
**edificio** building
**educar** to educate
**ejecutar** to execute
**ejemplo** example
**ejercicio** exercise
**ejército** army
**elevado** elevated, high
**elevar** to raise
**embargo: sin embargo** nevertheless
**embestir** to attack
**emblema** *m.* emblem, insignia
**emocionado** moved, impressed
**emperador** *m.* emperor
**empezar** to begin
**emplear** to employ, use
**en** in, into
**enamorarse de** to fall in love with
**encargado de** charged with, entrusted with
**encargo** charge, responsibility
**encerrar** to enclose; to contain
**encierro** drive, driving (*of bulls into a pen before bullfight*)
**encima de** on, over
**encogido** curled up
**encontrar** to find; **encontrarse** to be found, be situated, be
**enemigo** enemy
**enfrentado** confronted
**enfrentarse** to confront, meet
**enorme** enormous
**enseñanza** instruction, education; **enseñanza media** secondary education
**enseñar** to teach

**entendedor** *m.* understanding person
**entero** entire, whole, complete
**enterrar** to bury
**entierro** burial
**entonces** then
**entrada** entrance
**entrar** to enter, go in(to)
**entre** between, among; **entre sí** among themselves
**entusiasmado** enthusiastic
**entusiasmo** enthusiasm
**enviar** to send
**época** epoch, era, age, period
**equipo** equipment, outfit
**erigir** to erect
**erre** double r
**erudito** learned man, intellectual
**escaso** scarce
**escena** scene
**escoger** to pick, choose
**escrito** *p.p. of* **escribir** written
**escritor** *m.* writer
**escritura** writing
**escuchar** to listen
**escuela** school
**escultor** *m.* sculptor
**escultura** sculpture
**esencialmente** essentially
**esmalte** *m.* enamel
**eso** *neut.* that; **a eso de** around; **por eso** therefore, for that reason
**espacio** space; **espacio en blanco** blank (space)
**espada** sword
**España** Spain
**español** Spanish
**especializado** specialized

**espectáculo** spectacle
**espectador** *m.* spectator
**espejito** little mirror
**espera: en espera de** while waiting for, awaiting
**esperanza** hope
**esperar** to wait (for)
**espíritu** *m.* spirit, soul
**establecer** to establish
**estacionamiento** parking
**estado** state, condition
**estar** to be
**estatua** statue
**este** *m.* east
**estilo** style
**esto** *neut.* this
**estocada: de una estocada** with a single thrust of the sword
**estoque** *m.* rapier
**estrépitosamente** noisily
**estudiante** *m.* student
**estudiar** to study
**estudio** study; **estudios generales** advanced study
**etimología** etymology (*the study of the origin of words*)
**Europa** Europe
**europeo** European
**evitar** to avoid
**exacto** exact, precise
**exagerado** exaggerated, exaggerating
**examinarse** to take an examination
**excepción** exception; **con excepción de** with the exception of, except for
**exceso** excess, overabundance
**excluir** to exclude
**exigir** to exact, require
**éxito** success

**explicar**  to explain
**explorador** *m.*  explorer
**explotación**  exploitation
**explotar**  to exploit
**extendido**  extended, stretched out
**extranjero**  stranger, foreigner
**extremos**  winter pastures (*in Extremadura*)

# F

**fabada**  *stew-like soup made with beans, pork and sausages*
**fabricación**  manufacture, production
**fácil**  easy
**fachada**  façade (*the face or front part of a building*)
**faena**  job, task, windup
**falda**  skirt
**falsificado**  forged
**falta**  lack; **incurrir en falta**  to commit a violation
**fama**  fame; **tener fama de**  to be famous as, be well known as
**famoso**  famous
**fandango**  *brisk Spanish dance and music that accompanies it*
**farmacia**  pharmacy
**fascinado**  fascinated
**fase** *f.*  phase
**fatuo**  foolish, silly
**fe** *f.*  faith
**fecha**  date
**ferrocarril** *m.*  railway
**fiel** *m.*  worshipper, faithful (*person*)
**fiesta**  feast, holiday
**figura**  figure; personality
**figurar**  to figure

**filósofo**  philosopher
**fin** *m.*  end; **dar fin**  to end; **tener fin**  to come to an end
**finura**  fineness, delicacy
**firme**  firm, fixed
**flamenco**  Flemish
**flan** *m.*  (*caramel*) custard
**flecha**  arrow
**flor** *f.*  flower
**florecer**  to flourish
**florecimiento**  flowering, development
**folklórico**  folklore
**fondo**  background; *pl.* funds (*money*)
**formar**  to form
**fortaleza**  fortitude, vigor
**fortificado**  fortified
**fortuna**  fortune, luck
**fósil** *m.*  fossil
**francés**  French
**Francia**  France
**frase** *f.*  phrase
**frecuencia**  frequency; **con frecuencia**  frequently
**frecuentado**  frequented
**frecuente**  frequent
**frente: al frente de**  in charge of
**fresco**  fresco (*painting on plaster*)
**frescura**  freshness
**frito: los fritos**  fried foods
**frontera**  frontier
**fuego**  fire; **fuegos artificiales**  fireworks
**fuente** *f.*  fountain; font
**fuera de**  outside of, out of
**fuerte**  strong; *m.* fortress
**fuerza**  strength, power, energy; *pl.* forces (*mil.*)
**función**  function

**fundación** founding
**fundar** to found
**fútbol** *m.* football
**futuro** future; **lo futuro** the future

## G

**galas** finery
**galería** gallery
**galopar** to gallop, run
**gallego** Galician (*native of the province of Galicia*)
**ganado** flock (*sheep*); herd (*cattle*)
**ganar** to win; **ganar a** to win from
**garbanzos** chickpeas
**garfio** gaff, hook
**gazpacho** *a cold thin soup made of water, oil, vinegar, tomatoes, etc., and topped with diced vegetables*
**general** general; *m.* general (*mil.*); **en general** generally; **por lo general** in general, generally
**genio** genius
**Génova** Genoa (*seaport city in northwestern Italy*)
**gente** *f.* people
**gigantesco** gigantic
**girar** to turn, revolve
**gitana** gypsy
**gobernante** *m.* governor
**gobernar** to govern
**gobierno** government
**gordo** fat, stout
**gorra** cap
**gota** gout
**gótico** Gothic
**gracias a** thanks to

**grado** degree
**gramática** grammar
**gran, grande** large, big, great
**granito** granite
**grasa** fat, grease; **grasa de los animales** animal fat
**grecio-fenicio** Greco-Phoenician
**griego** Greek
**gris** gray
**grúa** tow truck
**grueso** thick, heavy
**guardar** to keep, preserve
**guardia** *m.* guard; policeman; **guardia civil** rural police; **guardia de la porra** (*coll.*) traffic cop
**guerra** war
**guerrero** warrior, soldier
**guía** guide
**guión** *m.* outline
**gustar** to like
**gusto** taste, pleasure; **ser de gusto** to be to one's liking

## H

**haber** to have, hold; **haber de** must
**habitación** room
**habitante** *m. & f.* inhabitant
**hablar** to speak, talk
**hacer** to do, make; **hacerse** to become
**hacia** toward
**hacienda: ministro de Hacienda** secretary of the Treasury
**hallar** to find; **hallarse** to be, be found

**hasta** until, up to, to; **hasta que** until
**hay** there is, there are
**hebraico** Hebraic
**hebreo** Hebrew
**hecho** *p.p. of* **haber** done, made; *m.* fact; deed
**herir** to wound
**hermoso** beautiful
**héroe** *m.* hero
**herradura** horseshoe
**hierro** iron
**hijo** son; **hija** daughter
**hilo** thread
**hispano** Spanish
**hispánico** Hispanic
**hoja** leaf; **hoja de afeitar** razor blade
**hombre** man
**honrar** to honor
**hora** hour, time
**horroroso** horrible
**hospitalario** hospitable
**hoy** today; **hoy día** nowadays
**hueso** bone
**huir** to flee, avoid
**humanista** *m.* humanist (*a student of the classics and belles lettres*)
**humo** smoke

# I

**ibérico** Iberian
**idioma** *m.* language
**iglesia** church
**igual** equal; **igual que** like
**ilicitano** *native or inhabitant of Elche*
**iluminar** to illuminate, light up
**ilustre** illustrious
**imperio** empire
**imponer** to impose
**impresionante** impressive
**impreso** printed
**incrustación** inlay
**incunable** *m.* incunabulum (*pl.* incunabula; *popularly known as* "cradle books," *a term which refers to books printed before 1500*)
**incurrir en** to incur; to commit
**indebido** illegal
**índice** *m.* index, table of contents
**infante** *m.* infante (*any son of the king of Spain except the eldest who is called the* **Príncipe de Asturias**)
**infracción** infraction, violation
**inglés** English
**iniciar** to initiate, begin, introduce
**inolvidable** unforgettable
**inspeccionar** to inspect
**instante** *m.* instant; **un solo instante** a single instant
**institución** institution; **institución de enseñanza** school
**instrucción** instruction, direction, education
**interesante** interesting
**interrumpir** to interrupt
**íntimo** intimate
**intrépido** intrepid, daring
**introducir** to introduce
**invadir** to invade
**inválido** invalid, incapacitated person

**invierno** winter
**invitación** invitation; **a invitación de** on the invitation of
**ir** to go
**Italia** Italy

## J

**jabalí** *m.* wild boar
**jarra** jug
**jaspe** *m.* jasper (*a variety of quartz*)
**jefe** *m.* chief
**jota** *a popular folk dance of southern and southeastern Spain*
**joven** young; *m. & f.* young man, young woman
**joya** jewel; treasure
**judío** Jew
**jueces** *m. pl.* (*sing.* **juez**) judges
**jugar** to play; **jugar a** to play
**junto a** close to
**justicia** justice; **con justicia** justly
**juventud** *f.* youth, young people

## K

**kilómetro** kilometer (*5/8 of a mile*)

## L

**labor** *f.* work, job
**laboral** technical; industrial
**labrado** wrought, carved
**lado** side
**ladrador** barking
**ladrar** to bark
**ladrillo** brick
**lámpara** lamp
**lanza** lance, pike
**lanzarse** to rush
**lápida** tablet
**largo** long
**lección** lesson
**leche** *f.* milk
**legumbre** *f.* vegetable
**lejos de** far from; **a lo lejos** in the distance
**lengua** language
**lento** slow
**letra** letter; *f. pl.* letters (*literature*)
**levantamiento** uprising
**levantar** to raise, erect; **levantarse** to get up
**ley** *f.* law; **estar fuera de la ley** to be illegal
**leyenda** legend
**libre** free; independent
**libro** book
**lidia** (bull)fight
**ligero** light(ly)
**limitado** limited
**limpiabotas** *m. sing. & pl.* bootblack
**líquido** liquid
**lista** list
**lo** *neut.* the; **lo más escondido** the innermost
**lograr** to attain; to succeed in
**lomo** back (*of an animal*)
**lotería** lottery; **la lotería del Niño** lottery of the Child Jesus
**lucha** struggle
**luchar** to fight

**lugar** *m.* place, site; **en lugar de** instead of; **lugar de veraneo** summering place; **tener lugar** to take place
**lujo** luxury; **de lujo** de luxe; **vestida con lujo** richly dressed
**lusitano** Lusitanian (*pertaining to ancient Portugal*)
**luz** *f.* light

## Ll

**llamar** to call, name; **llamarse** to be called, named
**llave** *f.* key
**llegada** arrival
**llegar** to arrive, reach; **llegar a** + *inf.* to succeed in + *pres. part.*
**llenar** to fill
**lleno** full
**llevar** to carry, take; to bear; to bring; to wear
**llorar** to cry, weep

## M

**madera** wood
**madrileño** Madrilenian (*native or inhabitant of Madrid*)
**maestro** teacher
**magnífico** magnificent
**manantial** *m.* spring (*water*)
**mandar** to order
**mando** command, order
**mano** *f.* hand; **hecha a mano** handmade
**manta** shawl
**mañana** morning

**mapa** *m.* map
**maquillado** made-up (*with cosmetics*)
**mar** *m. or f.* sea
**maravilla** marvel, wonder
**maravilloso** marvellous
**marcharse** to leave
**marítimo** maritime
**mármol** *m.* marble
**marqués** *m.* marquis
**mártir** *m. & f.* martyr
**más** more, most; **más de** more than; **más que** more than
**matador** *m.* matador (*bullfighter who kills the bull*)
**matar** to kill
**materia** matter, material
**material** material, matter
**mayor** great, greater
**mayoría** majority; **en su mayoría** in the majority
**medio** middle, midst; means; **en medio de** in the midst of; **por medio de** by means of
**Mediterráneo** Mediterranean Sea
**mejor** better, best
**memoria** memory; **aprender de memoria** to learn by heart
**mencionar** to mention
**mendicidad** begging
**mendigo** beggar
**menor** less, lesser; minor
**menos** except
**mercado** market, market place
**merienda** light meal, snack
**mes** *m.* month; **al mes** per month

**mesa** table; **buena mesa** good food
**meseta** plateau
**metro** meter (*3.28 ft.*)
**mezclado** mixed
**miedo** fear
**mientras** while; **mientras tanto** meanwhile
**mil** thousand
**milagro** miracle
**militar** military
**milla** mile
**millón** million; **unos millones de** several million
**minero** mining
**ministerio** ministry
**ministro** minister, secretary (*official of a government*)
**mirar** to look (at)
**misa** Mass
**Misisipí** Mississippi
**mismo** same; self; **uno mismo** oneself
**misterio** mystery (*play*)
**místico** mystic
**mitad** half
**modo** means, method; **de modo que** so that
**moho** mold
**mona** monkey
**monasterio** monastery
**moneda** coin
**monje** *m.* monk
**montaña** mountain
**montañés** *inhabitant of La Montaña* (*Santander*)
**montañoso** mountainous
**montera** bullfighter's hat
**mordedor** biting
**morder** to bite
**morir** to die

**moro** Moor, Arab
**mosaico** mosaic (*colored glass and stones used for decoration*); a picture or design made of many-colored pieces of glass or stone
**mostrar** to show, indicate
**movedizo** moving
**mozo** lad; **mozo de estoques** sword handler
**muchacha** girl
**mucho** much; *pl.* many
**mueble** *m.* (*piece of*) furniture
**muerte** *f.* death
**muestra** sign; example
**mujer** *f.* woman
**muleta** staff with red flag (*used in bullfighting*)
**multa** fine; **ponerle una multa a uno** to fine someone
**mundo** world; **todo el mundo** everybody
**municipio** municipality
**muralla** wall (*of a city*)
**muro** wall (*of a building*)
**museo** museum
**musulmán** Moslem
**muy** very

## N

**nacer** to be born
**nadie** no one
**natillas** *f. pl.* creamy custard pudding
**nave** *f.* nave, aisle (*of a church*)
**Navidad** Christmas
**navideño** Christmas; pertaining to Christmas
**necesidad** necessity

153

**necesitado: los necesitados** the needy
**necesitar** to need
**negar** to deny
**negro** black
**niebla** fog, mist
**ningún** no, not any
**niño** child, boy
**nivel** *m.* level
**no** no, not
**nocturno** night, nocturnal
**noche** *f.* night; **de noche** at night; **por la noche** at night
**nombre** *m.* name
**noreste** northeast
**norte** *m.* north
**nublado** cloudy
**nuevo** new
**numantino** *native of Numancia*
**número** number
**nunca** never

## O

**o** or
**obedecer** to obey; **obedecer a** to arise from
**objeto** object
**obligatorio** obligatory, compulsory
**obra** work; **obra maestra** masterpiece
**obrero** worker, laborer
**obtener** to obtain, get
**ocasión** occasion; **en ocasiones** at times
**octavo** eighth
**ocupar** to occupy; **ocuparse de** to take care of
**ocurrente** witty

**ocurrir** to happen, occur
**oficina** office
**ofrecer** to offer
**oír** to hear
**ojo** eye
**olé** hurrah
**olvidado** unmindful
**olvidar** to forget
**opinar** to judge, believe
**oponer** to oppose, resist
**oración** sentence
**orden** *f.* order
**ordenado** arranged, organized
**oreja** ear
**organizar** to organize
**origen** *m.* origin
**orilla** shore, bank; **a orillas de** on the banks of
**oro** gold
**ornamento** ornament
**orquesta** orchestra
**otorgar** to agree to; to grant
**otro** other, another
**oveja** sheep

## P

**pacer** to graze, pasture
**Pacífico** Pacific (Ocean)
**padecer** to suffer
**padre** *m.* father
**paella** *a one-dish meal of rice, chicken, sausage and seafood whose basic ingredient is rice*
**pagar** to pay
**país** *m.* country
**paja** straw
**pájaro** bird
**palabra** word
**palacio** palace
**palmadas** clapping (*of hands*), applause

**palma** palm
**palmera** palm tree
**palo** stick; staff
**pan** *m.* bread
**panecillo** roll
**panteón** *m.* pantheon, mausoleum
**paño** cloth
**pañuelo** handkerchief; kerchief
**Papa** *m.* Pope
**papel** *m.* paper; **papeles de colores** colored paper
**para** for, in order to
**parabrisas** *m.* windshield
**parado** standing still
**parecer** to appear, seem; **al parecer** apparently
**pared** *m.* wall
**pareja** pair
**paréntesis** *m.* parenthesis; **entre paréntesis** in parentheses
**parrilla** grill, grate
**parte** *f.* part; side; **de todas partes** everywhere; **en ninguna parte** nowhere; **en otras partes** elsewhere; **en todas partes** everywhere
**participación** share
**partida** game
**partir** to leave
**pasar** to pass, happen; to spend (*time*); **lo pasado** the past
**pase** *m.* pass
**pasear** to walk, stroll
**paseo** walk, stroll
**pastar** to graze
**pastor** *m.* shepherd; **pastor de ovejas** shepherd
**patria** fatherland

**pausado** slow, deliberate
**paz** *f.* peace
**pedir** to ask for, request; to beg
**pegar** to strike, hit; to draw to *or* toward
**pelearse** to quarrel, fight
**peligro** danger
**peligroso** dangerous
**pena: valer la pena** to be worthwhile
**pensar** to think (*about*)
**peón** *m.* (*bullfighting*) attendant, assistant; **peones de brega** assistants (*who incite bull by teasing him with their capes*)
**peor** worse, worst
**pequeño** small
**pera** pear
**perder** to lose; **perderse** to get lost
**peregrinación** pilgrimage
**peregrino** pilgrim
**perfil** *m.* profile, outline, sketch
**pergamino** parchment
**período** period
**permitir** to permit, allow; to make possible
**pero** but
**perro** dog; **perro de caza** hunting dog
**pertenecer** to belong; **perteneciente** belonging
**pesar: a pesar de** in spite of
**peseta** *Spanish monetary unit*
**picador** *m.* bullfighter (*on horseback who thrusts goads into the bull*)
**picar** to nibble

**pie** *m.* foot
**piedra** stone; **piedra caliza** limestone
**pierna** leg
**pintado** painted
**pintor** *m.* painter (*artist*)
**pintoresco** picturesque
**pintura** painting
**Pirineos** Pyrenees
**piropo** compliment
**pisto manchego** *vegetable stew made with squash, tomatoes, onions, etc.*
**plata** silver
**platero** silversmith
**plato** plate; dish; **plato fuerte** main course
**playa** beach
**plaza** plaza, square; **plaza de toros** bull ring
**poblar** to populate, settle
**pobre** poor
**poco** little; **poco a poco** little by little
**poder** to be able, can; *m.* power
**poderoso** powerful
**poesía** poetry
**poeta** *m.* poet
**policía** police; **policía de tránsito** traffic policeman
**poliglota** polyglot, containing many languages
**político** political
**pollo** chicken
**poner** to put, place
**por** by, through, for
**portada** portal, façade
**portón** *m.* gate; **portón de los Sustos** Gate of Terror
**postre** *m.* dessert
**potaje** *m.* thick soup

**pote gallego** *stew-like dish of white beans, vegetables and bacon*
**potencia** power
**precioso** precious
**preciso** precise; **es preciso** it is necessary
**predicar** to preach
**predominar** to predominate
**preferir** to prefer
**pregunta** question
**premio** prize; **premio gordo** first prize
**prensa** the press
**preocupación** worry
**presentar** to present, show
**presidencia** president's box (*in a bull ring*)
**prestigioso** renowned, famous
**prevenido** prepared, forewarned
**primario** primary, elementary
**primer, -o, -a** first
**príncipe** *m.* prince
**principio** beginning; **a principios de** at the beginning of
**prisa** hurry; **sin prisas** slowly
**problema** *m.* problem
**procedimiento** method
**programa** *m.* program
**promesa** promise
**promulgar** to promulgate
**pronto** soon, quickly
**propio** himself, herself, etc.
**proponer** to propose
**propósito** purpose, aim
**proteger** to protect
**proverbio** proverb
**provincia** province; **de provincia** provincial

**provocar** to provoke, incite
**proyectar** to project, devise
**proyecto** project
**público** public, audience, spectators
**puchero** pot, kettle
**pueblecito** little town
**pueblo** town, village; nation; people; **pueblos primitivos** primitive people
**puente** *m.* bridge
**puerta** door
**pues** for; well, then, therefore
**punta** point, end
**puñado** handful
**puro** pure

## Q

**que** which, that; than; **¿qué?** which?, what?
**quedar** to remain, be, be left
**quemar** to burn
**querer** to wish, want; to like; **querer decir** to mean
**queso** cheese
**quien** who, whom; **¿quién?** who?, whom?
**quinientos** five hundred
**quite** *m.* diversion (*attracting a bull away from a bullfighter or horse in danger*)
**quizás** perhaps

## R

**rabo** tail
**radio** *f.* radio (*broadcasting*)
**radiofónico** radiophonic
**ramo** branch, bouquet
**rango** rank, standing
**rápido** rapid, fast
**raro** rare, unusual
**rasgo** trait, characteristic
**razón** *f.* reason
**real** royal
**realizar** to carry out, accomplish
**rebelde** *m.* rebel
**recibir** to receive, get
**recobrar** to recover
**recoger** to gather, collect
**reconocer** to recognize; to acknowledge, admit
**reconquista** reconquest
**reconquistar** to reconquer
**recordar** to remember, remind
**recorrer** to travel, go through
**rector** *m.* president (*of a university*)
**recuerdo** remembrance
**recuperar** to recover
**redactar** to write
**refinado** refined
**reflejar** to reflect
**refrán** *m.* proverb
**refugiarse** to take refuge, shelter
**regalado** given
**regalo** gift, present
**registrar** to record
**regresar** to return
**reina** queen
**reinado** reign
**reino** reign; kingdom
**relacionado** related
**relámpago** (*bolt of*) lightning
**renacentista** Renaissance
**rendirse** to surrender
**repartir** to distribute

**repaso** review
**repetido** repeated
**representar** to represent, show
**residuo** residue, waste
**resolver** to solve, resolve
**respectivamente** respectively
**respetar** to respect
**respuesta** answer
**restaurar** to restore
**resto** rest, remainder; *pl.* remains
**resultar** to prove to be, turn out to be
**retirarse** to retire, withdraw
**retornar** to return
**retratar** to portray
**reunir** to meet, unite
**revelar** to reveal
**rey** *m.* king
**rico** rich
**riel** *m.* rail
**río** river
**riqueza** wealth, richness
**roca** rock
**rodar** to roll, run (*on wheels*)
**rojo** red
**Roma** Rome
**románico** Romanesque
**romano** Roman
**romántico** romantic
**romería** festive outing (*in honor of a saint*)
**ruedo** ring (*of a bullfighting arena*)
**ruina** ruin
**rumbo** course, direction; **rumbos de España** byways of Spain
**rupestre** rupestrian (*relating to a cave*)
**ruta** route

## S

**sábado** Saturday
**saber** to know; *m.* knowledge
**sabio** wise
**sacristía** sacristy (*room in a church where sacred objects and vestments are kept*)
**sala** living room, chamber, salon; **sala de clase** classroom; **sala de estudio** study hall
**salamantino** Salamancan
**salir** to come *or* go out
**saltar** to jump
**san** = **santo** saint
**sano** healthy
**Santiago** St. James
**santo** holy; *n.* saint; **santo patrón** patron saint
**santuario** sanctuary, shrine
**satisfacer** to satisfy
**sed** *f.* thirst
**seda** silk
**seguir** to follow; to continue
**según** according to
**seises** *m. singing and dancing choir boys (Seville)*
**semana** week; **Semana Santa** Holy Week
**sembrar** to sow
**sencillo** simple
**sentarse** to sit down
**sentido** sense, meaning
**señalar** to indicate
**señora** lady
**separado: por separado** separately
**separar** to separate; to draw away
**sepultura** sepulture
**ser** to be

**sereno** night watchman
**serie** *f.* series
**serio** serious
**servir** to serve; **servir de** to serve as
**seso(s)** brains
**severidad** severity
**severo** severe, stern
**sevillana** *folk dance and music typical of the province of Seville*
**sido** *p.p. of* **ser**
**siempre** always; **como siempre** as usual
**siesta** afternoon nap; **dormir la siesta** to take a nap
**siglo** century
**signo** sign, symbol
**siguiente** following
**silbar** to whistle
**silla** seat, chair
**simpático** pleasant, congenial
**sin** without; **sin que** without
**sino** but
**sistema** *m.* system
**sitiar** to besiege
**sitio** place, spot
**situación** location, situation
**situado** situated, located
**sobornar** to bribe
**sobre** on, upon, above, over
**sobrio** temperate, frugal
**sociedad** society
**sol** *m.* sun
**solamente** only
**soldado** soldier
**solicitar** to solicit, ask for
**solo** sole, only; **sólo** *adv.* only, solely
**sombra** shadow, shade

**sombrero** hat
**sopa** soup
**sorteo** drawing (*lottery*)
**sublevación** revolt
**suelo** ground
**suelto** loose, free(d)
**suerte** *f.* luck; (*in bullfighting*) phase, play; **suerte de banderillas** dart phase; **suerte de capa** cape phase; **suerte de muleta** red-flag phase
**suicidarse** to commit suicide
**sujetar** to hold
**sur** *m.* south
**sureste** southeast
**surgir** to arise
**suroeste** southwest
**sustituir** to substitute
**susto** fright, scare

## T

**tal** such, such a; **tal como** as
**talento** talent
**tallar** to carve
**tamaño** size
**también** also, too
**tanto** so much, as much; **tanto . . . como** as much . . . as, both . . . and
**tapa** appetizer, snack
**tapiz** (*pl.* **tapices**) *m.* tapestry
**tardar** to be long, be late; **tardar en** + *inf.* to be long in + *pres. part.*
**tarde** late; **más tarde** later; *f.* afternoon; **por la tarde** in the afternoon
**Tarragona** *city in northeastern Spain on the Mediterranean*
**tasca** tavern

**taza** cup
**teatro** theater
**técnico** technical
**techo** ceiling
**templo** temple, church
**tempestad** storm, tempest
**temprano** early
**tener** to have, hold; **tener que** to have to
**término** term, limit
**tertulia** social gathering; **hacer tertulia** to sit around and talk
**tesorero** treasurer
**tesoro** treasure; (*in Toledo*) repository where church treasures are kept
**testamento** will
**tiempo** time; weather; **¿cuánto tiempo?** how long?; **en otros tiempos** formerly; **en tiempo de** during the time of
**tienda** store, shop
**tierra** land, earth
**típico** typical
**tipo** type, kind
**tirar** to throw
**titular** to entitle, name
**tocar** to touch; to play (*a musical instrument*)
**todavía** still, yet
**todo** all
**toledano** Toledan
**tomar** to take; to have (breakfast); to eat, drink
**tomate** *m.* tomato
**torear** to fight bulls
**torero** bullfighter
**toril** *m.* bull pen
**torno: en torno a** *or* **de** around, about

**toro** bull
**trabajador** industrious; *m.* worker; **trabajador del campo** field hand
**trabajar** to work
**trabalenguas** *m. sing.* tongue twister
**traducción** translation
**traducido** translated
**traductor** *m.* translator
**traer** to bring
**traje** *m.* dress, suit, costume; **traje de luces** "suit of lights" (*dress suit of the bullfighter*)
**tranquilo** tranquil
**transeúnte** *m.* passer-by
**tránsito** transit, traffic
**transporte** *m.* transportation
**tranvía** streetcar
**tras** after
**trasladar** to move, transport
**tratar** to deal with, treat; **tratar de** + *inf.* to try to
**tratado** treatise
**trecho** stretch (*of time or space*)
**tribu** *f.* tribe
**tributo** tribute, tax
**trigo** wheat
**triunfar de** to triumph over
**trofeo** trophy
**trono** throne
**tumba** tomb
**tuna** *wandering student minstrels*
**turista** *m. & f.* tourist
**turno** turn

## U

**u** or (*before words beginning with* **o** *or* **ho**)
**último** last

**un, una** a, an; **una que otra** a few; **unos, unas** several, some
**único** only, sole
**unidad** unity, unification
**unido** joined, united
**unificar** to unify, unite
**universitario** *adj.* university
**usar** to use
**uso** use; **de uso obligatorio** compulsory
**utilizar** to use, utilize

## V

**valenciano** Valencian
**valer** to be worth
**validez** *f.* validity, status
**valor** *m.* valor, bravery; value
**vara** staff
**variado** varied
**variedad** variety
**vario** various
**vasco** Basque (*native of the Basque provinces*)
**vasto** vast
**vecino** neighbor
**vendedor** *m.* seller; **vendedor ambulante** street vendor, hawker
**vender** to sell
**venir** to come
**ventana** window
**ver** to see; **verse** to be
**veraneo** summering
**verano** summer
**verbena** village *or* country fair, party (*on eve of a saint's day*)
**verdadero** real, true
**verduras** *f. pl.* vegetables, greens
**verónica** veronica (*a maneuver in bullfighting in which the bullfighter, with his cape extended in both hands, awaits the attacking bull*)
**vestido** dress; costume
**vestiduras** *f. pl.* vestments
**vestir** to dress
**vez** time; **a la vez** at the same time; **alguna vez** sometimes; **a veces** at times, sometimes; **otra vez** again; **por primera vez** for the first time; **rara vez** rarely; **repetidas veces** repeatedly; **unas veces** at times
**vía** way; **en vías de** in the process of
**viajar** to travel
**viajero** traveller
**vicio** vice
**vida** life
**vidrio** glass
**viejo** old
**viento** wind
**viernes** Friday; **Viernes Santo** Good Friday
**vigor: poner en vigor** to put into effect
**villa** town
**vino** wine
**Virgen** *f.* Virgin
**visigodo** Visigothic; *n.* Visigoth
**visita** visit
**visitante** *m. & f.* visitor
**víspera** eve, day before (*a holy day*)
**vista** view
**vivo** alive; living
**volar** to fly

**volver** to turn, return, come *or* go back; **volver a** to ... again
**voz** *f.* voice

## Y

**y** and
**ya** already

**yeso** plaster

## Z

**zapato** shoe
**zarzuela de pescados** *fish stew consisting of several kinds of fish*
**zona** zone